기독교문서선교회 (Christian Literature Center: 약칭 CLC)는 1941년 영국 콜체스터에서 켄 아담스에 의해 시작되었으며 국제 본부는 미국 필라델피아에 있습니다.
국제 CLC는 59개 나라에서 180개의 본부를 두고, 약 650여 명의 선교사들이 이동도서차량 40대를 이용하여 문서 보급에 힘쓰고 있으며 이메일 주문을 통해 130여 국으로 책을 공급하고 있습니다. 한국 CLC는 청교도적 복음주의 신학과 신앙서적을 출판하는 문서선교기관으로서, 한 영혼이라도 구원되길 소망하면서 주님이 오시는 그날까지 최선을 다할 것입니다.

기도

The Inner Chamber

The Inner Chamber
Written by Andrew Murray
Translated by Byeoung Wook, Kim

All rights reserved.
Copyright © 2019 by Christian Literature Center, Seoul, Republic of Korea.

기도

1997년 12월 30일 초판 발행
2019년 9월 30일 개정판 1쇄 발행

지은이　|　앤드류 머레이
옮긴이　|　김병욱

편집　　|　정재원
디자인　|　박인미, 전지혜
펴낸곳　|　(사)기독교문서선교회
등록　　|　제16-25호(1980.1.18.)
주소　　|　서울특별시 서초구 방배로 68
전화　　|　02-586-8761~3(본사) 031-942-8761(영업부)
팩스　　|　02-523-0131(본사) 031-942-8763(영업부)
이메일　|　clckor@gmail.com
홈페이지 |　www.clcbook.com

ISBN 978-89-341-2025-4 (04230)
ISBN 978-89-341-1844-2 (세트)

이 도서의 국립중앙도서관 출판예정도서목록(CIP)은 서지정보유통지원시스템 홈페이지(http://seoji.nl.go.kr)와 국가자료공동목록시스템(http://www.nl.go.kr/kolisnet)에서 이용하실 수 있습니다. (CIP제어번호: CIP2019031888)

이 책의 저작권은 저자와 (사)기독교문서선교회가 소유합니다. 신저작권법에 의하여 한국 내에서 보호받는 저작물이므로 무단 전재와 무단 복제를 금합니다.

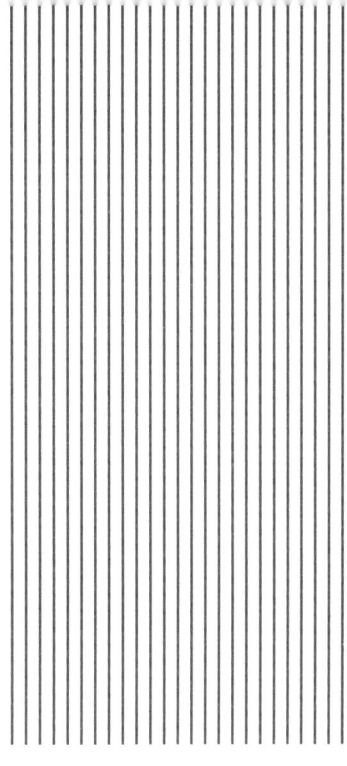

기도

앤드류 머레이

CLC

차례

서문	6
1. 아침 경건의 시간	9
2. 문을 닫고 - 오직 하나님과 함께	16
3. 다시 문을 열어 - 주님이 갚으시고	21
4. 모세와 하나님의 말씀	26
5. 기도의 사람 - 모세	31
6. 하나님의 사람 - 모세	38
7. 말씀의 능력	45
8. 씨앗이 되는 말씀	50
9. 깨달음과 행함	54
10. 행하는 자의 축복	62
11. 그리스도의 계명	69
12. 생명과 지식	75

13. 마음과 명철 80

14. 하나님의 생각과 우리의 생각 86

15. 묵상 91

16. 어린아이에게 나타내심 98

17. 그리스도를 배움 105

18. 가르침을 받는 자세 112

19. 생명과 빛 118

20. 성경을 공부하는 학생 123

21. 그대는 누구인가? 130

22. 하나님의 뜻 136

23. 말씀으로 먹는다 142

24. 여가 시간 148

25. 마음 밖과 마음속 154

26. 날로 새로워짐(1) - 그 능력 159

27. 날로 새로워짐(2) - 그 양상 165

28. 날로 새로워짐(3) - 그 대가 170

29. 거룩 - 성경 공부의 주요 목표 176

30. 시편 119편과 그 교훈 182

31. 삼위일체 188

32. 그리스도 안에서 195

33. 오직 홀로 200

34. 사람을 얻느니라 207

35. 중보기도에 대하여 213

36. 중보자 219

서문

앤드류 머레이

이 책은 가장 중요한 것들에 대한 생각들을 제안한다. 일상에서 물러나 조용한 시간을 가지는 것, 기도의 참된 정신, 하나님의 말씀을 경건하게 읽는 것, 이러한 것들이 의도하고 복이 되게 하는 하나님과의 교제, 이러한 것들이 성도를 강하게 하여 세상에서 매일의 의무를 다할 수 있게 하는 영적인 삶, 전도와 중보기도를 통해 하나님 나라의 섬기는 것 - 이 모든 진리들은 우리의 경건이 기쁨과 능력의 근원이 되게 하는 데 일조한다.

나는 이 작은 책을 체계적으로 서술하지 않았다. 그러나 여기에 실린 짧은 메시지가 내면의 영적 생활을 개발하고 하나님과 교제를 원활하게 하는 데 도움이 되리라 기대한다.

남아프리카에는 오렌지나무를 괴롭히는 다양한 질병

들이 있다. 그중에 유명한 '뿌리병' the root disease 은 일단 감염이 되더라도 얼마 동안은 열매를 거둘 수가 있어서 대개 감염 여부를 쉽게 알기 어렵다. 전문가가 봐야 나무가 서서히 죽어가고 있는 것을 알아챌 수 있다.

포도나무 뿌리진디 phylloxera 도 이와 비슷한 뿌리병이다. 이 병을 없애려면 뿌리를 과감하게 캐내고 새로 다른 뿌리를 심는 것 외에 다른 방법이 없다. 이 병에 걸린 포도나무 줄기를 새 포도나무 뿌리에 접붙여야 전처럼 줄기와 가지가 다시 자라게 되고 뿌리도 새 뿌리라서 이 질병을 이겨낼 수 있게 된다. 이런 질병은 보이지 않는 부분에서 생기기 때문에, 질병이 나타나는 곳에서 반드시 치료를 해야 한다.

그리스도의 교회와 믿는 자의 영적인 생활이 이런 뿌리병으로 고통받는 일이 얼마나 많은지 알 수 없을 것이다. 이런 뿌리병은 별다른 것이 아니다. 그것은 '그리스도 안에 심긴,' '사랑에 뿌리박은' 은밀한 기도의 부족함이고 보이지 않는 생활을 게을리하는 것이다. 이것이 세상에 대항하는 미약한 성도의 삶과 풍성한 열매를 맺는 데 실패하는 이유를 설명해 준다.

신자의 삶에서 내면의 방을 그리스도께서 의도하신 공간으로 회복하지 않는 한 이 상황을 바꿀 수 없다. 그리스도인이 자기 자신의 노력을 의지하는 대신 그들의 뿌리를 그리스도께 매일 뿌리내리고, 그들의 최고의 보호가 되시는 하나님과 은밀하고 개인적인 교제를 갖는 것이 무엇인지를 배울 때, 참된 경건이 꽃필 수 있게 될 것이다.

뿌리가 거룩한즉 가지도 그러하니라 롬 11:6

아침 시간이 주님 앞에 거룩하다면, 온종일도 그러할 것이다. 뿌리가 건강하다면, 가지도 그러하다.

이 책의 대부분은 「남아프리카의 개척자」*The South African Pioneer* 라는 잡지에 게재되었던 것이다. 이 잡지에서 나의 글을 읽고 도움을 얻었던 독자들의 요청으로 남아프리카총회선교회 South Africa General Mission 에서 이 책을 출판하게 된 것이다.

더욱 깊고 더욱 열매 맺는 삶과 하나님 안에서 그리스도와 함께 감추인 삶을 추구하는 하나님의 자녀들에게 하나님의 축복이 함께하기를 기도한다.

1. 아침 경건의 시간

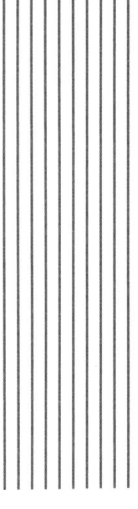

> 여호와여 아침에 주께서 나의 소리를 들으시리니 아침에 내가 주께 기도하고 바라리이다 시 5:3

> 주 여호와께서…아침마다 깨우치시되 나의 귀를 깨우치사 학자들 같이 알아듣게 하시도다 사 50:4

예로부터 하나님의 종들은 아침 시간이 하나님을 예배하기에 좋은 시간이라고 생각했다. 지금도 모든 그리스도인들은 하루가 시작되는 아침에 시간 가운데 얼마간 시간을 드려 조용히 물러나 하나님과 교제하는 것을 의무와 특권으로 생각한다.

'경건의 시간,' '평안의 시간,' '묵상의 시간' 등으로 부르기도 하고 길게는 한 시간을 채우기도 하지만 그 길이나 명칭에 상관없이 이 시간을 갖는 이유는 다음에 있는 시편 기자의 마음과 같다.

여호와여 아침에 주께서 나의 소리를 들으시리니 아침에
내가 주께 기도하고 바라리이다 시 5:3

기도와 하나님의 말씀을 묵상하기 위해 매일 경건의 시간을 가지는 것의 극단적 중요성에 대해 모트 John R. Mott 박사는 다음과 같이 말했다.

> 그리스도를 구주로 영접하고 성령의 충만함을 구한 다음에 아침 경건의 시간을 지켜, 하루가 시작하는 30분을 오로지 하나님께만 바칠 것을 결단하는 일보다 좋은 일은 없다.

이런 말을 처음 들으면 지나친 말로 여길지도 모른다. 그리스도를 구주로 영접하는 것은 우리를 위해 예비된 영원한 하늘나라에 들어가는 데 없어서는 안 될 중요한 일이다. 그리고 성령을 구하는 것은 그리스도인의 생활을 완전히 변화시킨다. 그러면 아침마다 경건의 시간을 지키고자 굳게 마음먹는 일과 같은 것을 다른 어떤 일보다 중요하다고 여기게 될 것이다.

그러나 우리가 하나님과 매일 가까이 교제하지 않고서는 그리스도 안에서 하루하루 살아가며 죄에서 자유함을 얻고 또 성령의 인도하심과 강한 권세의 보호 아래 거하기가 거의 불가능하다는 것은 생각해 보면 쉽게 알 수 있는 일이다. 왜냐하면, 이 진리는 모든 생활을 그리스도께 매이게 하겠다는, 그리고 모든 일에 있어서 성령의 가르침에 복종하겠다는 확고한 결단을 표시하는 것이기 때문이다. 아침 경건의 시간은 우리 자신이 그리스도께 헌신하고 우리 안에 성령이 변함없이 충만하게 되는 열쇠가 된다.

이 말을 계속하기 전에 먼저 아침 경건의 시간의 목적이 무엇이어야 하는지를 살펴보자. 아침 경건의 시간은 그 자체로 목적이 되어서는 안 된다. 그저 기도하고 말씀을 공부하는 유익한 시간을 보냄으로 삶에 활기와 정신적인 도움이 된다는 것으로 충분하지 않다. 이 시간의 목적은 따로 있으며, 이 시간은 그 목적을 이루기 위한 수단에 불과하다.

그 목적은 결국 온종일 그리스도의 임재를 확보하는 것이다. 스스로를 예수께 바친다는 말은 어떤 일을 당하더라도 예수의 임재하심에서 멀어지지 않는다는 뜻이다.

진실로 그분에게 바쳐진 삶을 살아간다면, 그분과 그분의 사랑 안에 거하며 그분의 보호하심을 받게 된다. 그분의 뜻에 맞게 그분을 기쁘시게 하는 일을 하더라도, 그럴 기분이 날 때나 겨우 가끔 행하는 그런 식은 아닌 것이다.

주 음성 외에는 참 기쁨 없도다

날 사랑하신 주 늘 계시옵소서 새찬송가 500장

구주와 함께 나 죽었으니

구주와 함께 나 살았도다 새찬송가 407장

이 찬송은 생명과 진리를 노래하고 있다.

종일 주의 이름으로 기뻐하며 시 89:16

나 여호와는 포도원지기가 됨이여 때때로 물을 주며 사 27:3

이것은 하나님의 권세 있는 말씀이다.

신자는 그리스도 없이 한순간도 설 수 없다. 그분에게 바친 마음은 항상 그분의 사랑과 그분의 크신 뜻 안에 거하는 것 외에는 결코 만족을 얻지 못한다. 이렇게 하는 것이 그리스도인의 참된 성경적인 생활이다. 그래서 진정한 그리스도인은 아침 경건의 시간을 조금도 가볍게 생각하지 않는다.

우리가 추구하는 대상이 분명할수록 그것을 얻는 수단에 더 잘 적응할 수 있을 것이다. 이제는 다음의 위대한 목적을 위한 수단으로 아침 경건의 시간을 생각하라.

'나는 온종일 그리스도의 임재를 확보하기 원한다. 아무것도 그것을 방해할 수 없다.'

나는 나의 하루의 성공이 아침 한때 경건의 시간에 그리스도를 구하고 찾고 붙잡는 분명하고 용기 있는 믿음에 달려 있음을 느낀다. 묵상하고, 기도하며, 말씀 읽는 일은 모두 이것을 위한 부차적이고 보조적인 수단으로 사용될 것이다. 하루를 시작하는 시간에 그리스도와 나의 끊을 수 없는 결속을 확인하고 이를 더욱 튼튼하게 만들어야 한다.

처음에는 날마다 부딪히는 온갖 걱정, 근심, 즐거운 일, 세상의 유혹으로 인해 고요히 묵상하면서 주님과 교제하며 누렸던 귀한 은혜가 깨지지 않을까 하는 두려움에 빠져들지도 모른다.

그러나 그런 일로 신경을 곤두세울 필요는 없다. 그리스도께서는 우리 마음속에 당신의 인격을 허락해 주시며 우리 일상에서도 우리를 통해 당신의 모습을 드러내실 것이다. 다만 시간이 걸릴 뿐이다.

쉬는 때나 먹고살기 위해 열심히 일하는 때에도 오직 그리스도의 영과 그리스도의 뜻을 따라 사는 것이 결국 나의 천성이 되어야 할 것이며 주님께서도 나를 그렇게 인도하실 것이다. 이 모든 일은 살아계신 그리스도께서 우리 안에 거하시며 나를 떠나지 않으셔야 가능하다.

한편, 하나님의 임재하심을 구하는 일로 인하여 너무

과중한 부담이나 어려움을 느끼게 되거나 시간을 너무 많이 빼앗긴다고 생각하지 말라. 하나님께서 갚아주시는 것이 크기 때문이다. 이것을 통해 생활에 새로운 의미를 느끼게 되고 큰 힘도 얻게 될 것이다.

이것은 또한 아침마다 경건의 시간을 꼭 지켜야겠다는 우리의 마음가짐에도 영향을 미치게 될 것이다. 우리의 모든 생활에서 확실하고 의식적인 그리스도와의 만남을 바라며 그분의 임재하심을 구하고자 한다면, 이를 위해 우리에게 확고한 결단이 필요하다. 그것이 요구하는 것이 어떤 노력이든 자기 부정이든 하늘에서 내려오는 상급을 받을 수 있어야 할 것이다.

학업이나 운동 경기를 할 때 한결같은 마음으로 노력하는 결단이 필요하다.

하물며 영적인 생활을 바람직하게 영위하는 데 이보다 더 열정적인 헌신이 필요하지 않겠는가?

그리스도의 사랑을 누리기 위해서는 분명히 우리 마음을 전부 바칠 필요가 있다. 여기서 우리는 피상적이거나 그럭저럭 대충 사는 삶의 태도를 버릴 수 있게 된다. 또 그렇게 하여 우리의 마음을 강건하게 하고 방종의 유혹이 눈짓할 때에도 그것을 담대히 거부할 수 있는 것이다.

이제 우리의 온 정성과 마음을 모아 경건한 묵상의 시간을 맞이하자. 그리하여 그리스도와 교통할 수 있는 마음의 준비를 갖추자. 이것이야말로 매일을 사는 우리 생활에 기초가 될 것이다.

세상에서는 종종 하는 말이 있다. 자신이 무엇을 원하는지를 알고 온 마음을 다하여 그것을 갈망하는 사람에게 위대한 성취가 가능하다는 것이다. 그리스도께 대한 인격적 헌신을 그의 좌우명으로 삼은 학생은 아침 경건의 시간 속에서 거의 거룩하신 부르심에 대한 통찰이 날마다 새롭게 되는 자리를 찾을 것이다.

아침 경건의 시간에 그의 의지는 그에 합당한 삶을 살도록 힘을 얻을 것이고, 그곳에서 그의 믿음은 그를 만나 온종일 돌보시기 위해 기다리시는 그리스도의 임재하심으로 보상받게 될 것이다. 우리는 우리를 사랑하시는 이로 말미암아 넉넉히 그것을 할 수 있다. 살아계신 그리스도께서 우리를 만나기 위해 기다리신다.

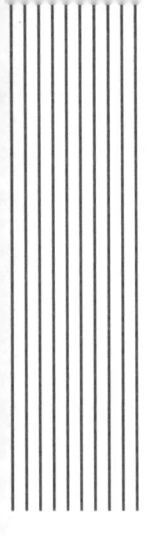

2. 문을 닫고―오직 하나님과 함께

너는 기도할 때에 네 골방에 들어가 문을 닫고 은밀한 중에 계신 네 아버지께 기도하라 마 6:6

사람은 하나님과의 교제를 위해 창조되었다. 하나님은 그를 하나님의 형상대로 지으셔서 이 교제에 적합하도록 하시고, 하나님을 이해하고 즐거워하며 그의 뜻을 행하며 그의 영광을 기뻐하게 하셨다. 하나님은 모든 곳에 계시고 온 천지에 충만하신 분이시기 때문에 인간은 어디서 무엇을 하든지 언제나 하나님과 교제를 나누며 즐겁게 살 수 있었다.

그러나 죄가 우리에게서 이 교제를 앗아갔다. 지금도 하나님과 인간 사이의 따뜻한 마음을 회복시킬 수 있는 것은 오로지 옛날과 같이 즐겁게 교제하는 길밖에 없다.

이를 위하여 오신 분이 그리스도시다. 그가 오신 것

은 하나님의 잃어버린 피조물을 다시 찾으시고, 그들이 본래 하나님이 창조하신 뜻대로 돌아오게 하려는 것이다.

하나님과 영적인 교제를 나누는 일보다 더 큰 축복은 땅 위에도 하늘 위에도 없다. 그것은 자주 주어지는 다음 약속이 온전히 경험될 때 이루어진다.

"내가 너와 함께 있을 것이다. 내가 너를 버리거나 떠나지 않을 것이다."

그때 우리는 이렇게 말할 수 있다.

"아버지께서 항상 나와 함께 계시도다."

하나님과 영적인 교제를 나누는 일은 우리가 어디에 있든지 어떤 환경에 처해 있든지 온종일 참여하도록 의도되었다. 이와 같은 신령한 기쁨은 우리가 골방 안에서 하나님과 어떻게 영적인 교제를 나누는가에 따라 올 수도, 그러지 않을 수도 있다.

하루 종일 하나님과 긴밀하고 즐거운 교제를 계속할 수 있는 권세는 우리가 은밀히 기도하는 가운데 얼마나 절실하게 간구하는가에 달린 것이다. 경건의 시간에서 필수적인 것은 하나님과 교제를 나누는 것이다.

우리 주님이 가르치는 것이 이것이다. 이것은 은밀한 기도를 위한 내면의 비밀이다.

> 네 골방에 들어가 문을 닫고 은밀한 중에 계신 네 아버지께 기도하라 마 6:6

은밀한 기도에서 가장 중요한 일은 하늘에 계신 아버지께서 임재하셔서 지켜보고 계심을 아는 것이다. 그가 우리를 보시며 들으심을 알아야 한다. 하나님께 간절한 마음으로 부탁하거나 올바르게 기도하는 것보다 더 중요한 일이 있다.

그것은 우리 아버지께서 우리를 보신다는 사실을 어린아이 같은 마음으로 믿으며 우리 마음에 살아있는 확신으로 삼는 것이다. 바로 거기에서 우리는 그와 만나게 되며, 그의 눈이 우리를 지켜보시고 계시며 우리도 그를 뵙게 된다. 여기서 하나님과의 실제적으로 영적인 교제를 즐길 수 있는 것이다.

그리스도인들이여!

골방 안에서 기도할 때 한 가지 위험이 있음을 알아야 한다. 그것은 우리가 하나님과 살아있는 교제를 한다고 하면서 자칫하면 기도와 성경 공부만 하고 마는 식이 될 수 있다는 사실이다.

갈급함으로 기도하면서도 주를 믿는 형식에만 너무 집착한 나머지, 하나님의 얼굴에서 나오는 광채와 그의 사랑으로 얻을 수 있는 기쁨을 받을 수 없게 되는 경우가 있다. 성경 공부와 거기에서 나오는 흡족한 감정에 너무 깊게 빠지게 되면, 하나님의 말씀이 하나님을 대신해 버릴 수도 있다. 그렇게 되면 우리 마음은 엉뚱한 데 사로잡히게 되고, 하나님께 나아가지 못하게 된다.

이러한 상태에서 일하러 나가면 하나님과의 영적인 교제 안에 거하지 못하게 되고, 자꾸만 '왜 이렇게 강건하지 못할까' 하는 의심의 구름만 가득하게 된다.

아침 경건의 시간을 가지면서, 이 시간은 하늘에 계신 아버지와 엄중하게 맺은 약속이므로 이것을 지키지 않으면 아버지를 슬프게 할 것이라고 생각하면서도 우리 생활 속에서 나타나는 양상은 모두 가지각색이다.

우리에게 필요한 힘은 어떤 것인가?

아버지께서 날마다 어떻게 이끌어 주시기를 원하는가?

하나님과 맺은 약속을 통하여 우리와 함께하시는 하나님의 임재하심을 맛보지 못했을 때 우리는 어떻게 대처할 것인가?

> 은밀한 중에 보시는 너의 아버지께서 갚으시리라 마 6:4

영과 진리로 하늘에 계신 아버지와 은밀한 교제를 지속하면, 사람들 앞에서 공적인 삶이 그 보상을 가져올 것이다. 즉, 은밀한 중에 보시는 아버지께서 갚아주실 것이다.

하나님과 함께하는 고독 가운데 사람들에게서 분리되는 것은 하나님의 축복의 능력 가운데 사람들과 교제하며 살 수 있는 유일한 방법이다.

3. 다시 문을 열어 — 주님이 갚으시고

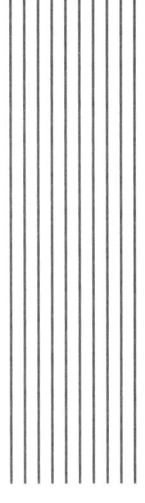

너는 금식할 때에 머리에 기름을 바르고 얼굴을 씻으라 이는 금식하는 자로 사람에게 보이지 않고 오직 은밀한 중에 계신 네 아버지께 보이게 하려 함이라 은밀한 중에 보시는 네 아버지께서 갚으시리라 마 6:17-18

그들이 베드로와 요한이 담대하게 말함을 보고…전에 예수와 함께 있던 줄도 알고 행 4:13

그 산에서 내려올 때에 모세는 자기가 여호와와 말하였음으로 말미암아 얼굴 피부에 광채가 나나 깨닫지 못하였더라 아론과 온 이스라엘 자손이 모세를 볼 때에 모세의 얼굴 피부에 광채가 남을 보고 그에게 가까이 하기를 두려워하더니…모세가 그들에게 말하기를 마치고 수건으로 자기 얼굴을 가렸더라 출 34:29-33

아침 경건의 시간을 가지면서 하나님과 교제를 나누다가 갑자기 바깥에서 사람들을 만나게 되면 얼른 기분을 바꾸기 어려움을 자주 느낀다. 하나님을 진정으로 만났을 때에는 하나님의 임재와 그에 복종하는 우리의 화답에서 빠져나오고 싶지가 않은 것이다.

아침 식사를 위해 가족과 마주치게 되면 분위기는 급변하게 된다. 하나님이 아닌, 사람들이 보이기 시작하면 묵상하면서 발견했던 것들은 어디론가 사라지기 시작한다.

젊은 그리스도인 중에는 말하기가 내키지 않거나 말할 기회를 얻지 못한 것들을 어떻게 마음에 채워둘지에 대한 문제로 당황하는 사람들이 많다. 그리스도인들의 모임에서도 열의나 담대함이 부족하여 자유로운 교제를 나누는 것이 항상 쉬운 일은 아니다. 그것으로 가장 큰 유익과 기쁨을 얻을 것인데 말이다.

사람들과 교제하는 일이 하나님과의 끊임없는 교제 생활을 유지하는 데 방해가 되는 것이 아니라 어떤 식으로 도움이 될 수 있을 것인가에 대해 알도록 힘쓰자.

모세가 수건으로 얼굴을 가린 채 백성에게 말하였다는 이야기에서 교훈을 한 가지 얻을 수 있다. 하나님과 밀접하고 지속적으로 교제를 나누다 보면, 언젠가는 자신에게 다른 사람이 알아챌 수 있는 어떤 인상이 나타나게 될 것이다.

모세는 그의 얼굴에서 광채가 나는 것을 알지 못했다. 빛나는 하나님의 광채에 대해 우리는 아는 것이 없다. 그 광채를 의식한다 하더라도, 그것은 우리의 질그릇 된 사명감을 더욱 깊게 할 뿐이다(고전 2:3, 4; 고후 4장).

우리 안에 하나님께서 임재해 계신다는 것을 아는 상대방은 우리와 같이 있기가 거북해지는 것을 느끼게 된다. 진정한 그리스도인이라면 사람들에게 하나님의 임재하심을 드러내거나 하나님이 자기 안에 계신 것으로 인해 더 거룩하게 보이도록 행동하지 않는다.

오히려 수건으로 얼굴을 가린 사건이 무엇을 의미하는지 깨닫고 겸손과 사랑으로 자기도 상대방과 똑같은 존재라는 것을 보여주고자 할 것이다. 그래서 이런 행위 전체로 하늘나라에 주소를 두고 있는 하나님의 자녀라는 사실을 증거하는 것이다.

주님이 가르치신 금식에 대한 말씀에서 교훈을 얻을 수 있다. 절대로 금식하고 있다는 표정을 지어서는 안 된다는 것과 주님과 같이 기쁨과 자비함으로 사람을 맞아야 한다는 것이다. 우리는 하나님께 매달릴 수 있다. 하나님은 은밀한 가운데 우리를 보시며 우리에게 은혜로 갚아 주시기 때문이다.

베드로와 요한의 이야기에서도 동일한 진리를 확증한다. 두 사람은 예수께서 이 땅에 계실 때 예수님과 함께 지냈으며, 승천하실 때 예수님에게 예수님의 영을 받았던 사람들이다. 그들은 그리스도의 영이 일러주신 대로 담대히 말했다. 원수들도 이들의 담대함을 보고 두 사람이 예수님과 함께 있던 자라는 것을 알게 되었다.

사람들의 일에 너무 깊이 관여하다 보면 하나님과의 영적인 교제를 쉽사리 잃어버릴 수도 있다. 항상 신령한 파수꾼의 눈으로 하루 종일 지켜야 한다. 원수가 언제 침범해 올지 모르기 때문이다. 또한, 다른 믿지 않는 사람과 달리 항상 조용히 인내하며 주님을 바라보는 생활을 해야 한다.

그리스도를 믿는 가족이라면 아침 식사 시간에 성경 말씀 한 구절을 낭독하는 것도 도움이 될 수 있다. 어떤 주제를 정해 놓고 그에 관한 성경 구절을 각자 한 절씩 읽어서 신령한 분위기 가운데 영적인 생활을 주제로 쉽게 대화를 나눌 수 있게 된다.

아침 경건의 시간을 지키면서 주님의 임재를 더욱 자주 발견함에 따라, 점차 주님과 깨지지 않는 교제를 지속해 나갈 날이 될 수 있을 것이다. 아무도 없는 골방에서 문을 닫고 은밀한 가운데 계시는 아버지와 만나는 것은 놀라운 일이다. 또 다시 문을 열고 나와서 누구도 방해하지 못하는 그분의 임재하심 가운데 화평한 즐거움을 누릴 수 있다는 것은 더 놀라운 사실이다.

사람들 중에는 그렇게 사는 것이 무슨 필요가 있는가

의심하는 자도 있고, 그런 생활에서 오는 긴장감이 너무 커서 불가능하다고 느끼는 사람도 있다. 그들은 그렇게까지 하지 않아도 착한 그리스도인이 될 수 있을 것으로 생각한다. 그러나 열정적인 그리스도인이 되어 하나님 나라를 섬기고 그리스도의 세계에서 일하기 원하는 사람은, 하나님과 하나님의 임재하심의 은총이 마음에 차고 넘쳐야 한다.

모든 것은 이 하나의 문제, 즉 하늘의 보배를 질그릇에 담아 그리스도의 권세가 종일토록 그와 함께 머물게 하는 것에 종속된다.

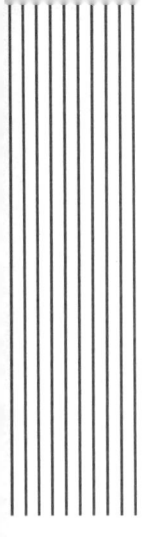

4. 모세와 하나님의 말씀

모세가 회막에 들어가서 여호와께 말하려 할 때에 증거궤 위 속죄소 위의 두 그룹 사이에서 자기에게 말씀하시는 목소리를 들었으니 여호와께서 그에게 말씀하심이었더라 민 7:89

우리의 개인 경건에서 기도와 말씀이 어떻게 연결되는지를 표현하기 위해 이교에서 회심한 사람의 말을 종종 인용하곤 한다.

"기도는 우리가 하나님께 말하는 것이고, 성경을 읽는 것은 하나님께서 우리에게 말씀하시는 것이다."

모세는 자기의 일이나 백성의 일로 기도할 때, 하나님의 가르치심을 받기 위해 기다릴 때 누군가가 자기를 기다리고 있다는 것을 깨달았다. 아침 경건의 시간을 가지려는 자에게 이것이 얼마나 교훈이 되는 말씀이 되는지 모른다.

믿음이 좋은 사람이란 하나님께서 말씀하시는 것을 청종하고자 기다리는 사람이다. 하나님과 영적인 교제를 나누는 사람에게 하나님의 임재와 참여는 자기 자신처럼 엄연한 사실이 된다.

우리가 성경 말씀을 읽고 기도하는 것이 하나님과 그런 진실된 교제가 되기 위해 필요한 것들이 무엇인지 말씀드리고자 한다.

첫째, 알맞은 장소를 선택하라 Get into the right place.

모세는 자기 곁에 있던 무리를 떼어놓고 홀로 회막 안에 들어갔다. 아무도 없이 오직 자기 혼자만 하나님을 발견할 수 있는 곳으로 갔던 것이다. 예수께서는 우리가 갈 만한 적당한 곳을 일러주셨다. 우리 생활 주변에 있는 어떤 곳이든 혼자 있을 수 있는 조용한 골방으로 들어가 문을 닫고 은밀한 가운데 계시는 아버지께 기도하라고 하셨다.

하나님 앞에 정말로 혼자만 있을 수 있는 곳이라면 어느 곳이나 하나님의 임재를 체험할 수 있는 은밀한 장소가 된다. 하나님과 대화하기 위해서는 이 세상의 다른 어떤 것과도 따로 떨어져 있지 않으면 안 된다.

우리는 우리 마음을 오직 하나님과 개인적으로 만나는 일에만 모을 필요가 있으며 또 온전히 그렇게 해야 한다. 그렇게 함으로써 하나님과 직접적인 교제를 나누게 된다. 하나님과 만나서 그와 이야기를 나누고자 아무도 없는 은밀한 곳을 찾는 자들은 그들에게 말씀하시는 분의 목소리를 듣게 될 것이다.

둘째, 올바른 위치를 선택하라 Get into the right position.

하나님은 속죄소 mercy seat 위에서 기도를 들으셨다. 속죄소 앞에 엎드리라. 거기서는 당신의 무가치함에 대한 인식이 당신을 가로막지 않고 오히려 하나님을 믿는 데 큰 도움이 될 것이다.

거기서 당신이 눈을 들면 하나님의 눈과 마주칠 것이라는 확신을 가질 수 있다. 하나님이 우리 기도를 들으셔서 자비로운 응답을 주실 것을 확신할 수 있다. 속죄소 앞에서 머리를 숙여 자비로우신 하나님께서 우리를 보고 계시며 우리에게 복 주심을 분명히 깨달을 수 있다.

셋째, 올바른 성품을 가지라 Get into the right disposition.

말씀을 듣는 태도에 관한 말이다. 다소간 주님께 기도로 아뢰는 일에 너무 신경을 쓰다가 속죄소 위에서 말씀하시는 분의 목소리를 듣지 못하는 사람들이 많다. 왜냐하면, 그들은 그것을 기대하지도 기다리지도 않기 때문이다.

> 여호와께서 이와 같이 말씀하시되 하늘은 나의 보좌요 땅은 나의 발판이니 너희가 나를 위하여 무슨 집을 지으랴 내가 안식할 처소가 어디랴 나 여호와가 말하노라 내

손이 이 모든 것을 지었으므로 그들이 생겼느니라 무릇 마음이 가난하고 심령에 통회하며 내 말을 듣고 떠는 자 그 사람은 내가 돌보려니와 사66:1-2

말씀을 읽으면 그 속에서 말씀하시는 하나님의 음성을 들을 수 있다. 기도에서 오는 가장 큰 복을 얻기 위해 구하기를 멈추고 하나님께서 말씀하시는 것을 청종할 필요가 있다.

기도와 말씀은 불가분의 관계에 있다. 둘 중 어느 하나가 주는 권능이라도 다른 하나의 도움이 있어야 가능하다. 하나님의 말씀을 읽으면 무엇을 기도할 것인지, 하나님께서 어떤 은혜를 베푸실 것인지 깨달을 수 있다. 또 어떻게 기도할지, 하나님께 나아가는 방법도 배울 수 있다.

기도에서 오는 능력이나 내 기도가 하나님께 상달될 것이라는 확신을 얻을 수 있는 곳도 말씀이다. 말씀이 우리의 기도에 대한 응답이 되기도 한다. 이 말은 우리가 하나님의 말씀을 읽어서 하나님의 뜻을 깨우치게 된다는 의미도 된다.

기도로 하나님의 말씀을 받아들일 마음의 준비를 갖추게 된다고 생각할 수 있다. 그것은 성령의 가르치심으로 하나님의 말씀을 영적으로 깨달을 수 있고 또 그 믿음으로 하나님의 권세 있는 사업에 참여할 수 있게 되기 때문이다.

 기도와 말씀이 왜 불가분의 관계에 있는가를 이해하는 것은 어렵지 않다. 기도와 말씀은 하나의 공통된 중심, 곧 하나님을 둘러싸고 있다. 기도로 하나님을 찾고 하나님은 말씀으로 대답하신다.

 인간은 기도하는 가운데 하나님과 함께 거하기 위해 하늘로 오르고, 하나님은 말씀 안에서 사람과 함께 거하러 오신다. 인간은 기도로 자신을 하나님께 드리고, 하나님은 말씀을 통해 자신을 우리에게 내어주신다.

 그래서 기도와 말씀은 모두 하나님께로 통한다. 하나님이 당신 마음의 모든 것, 당신의 유일한 소망이 되게 하라. 기도와 말씀은 생각과 사랑과 삶을 나누는 하나님과의 복된 교제가 될 것이다. 당신은 하나님 안에 거하고 하나님은 당신 안에 거하실 것이다.

 하나님을 구하며 살아라!

5. 기도의 사람—모세

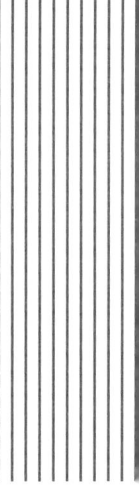

> 모세가 하나님께 아뢰되 내가 누구이기에 바로에게 가며 이스라엘 자손을 애굽에서 인도하여 내리이까 하나님이 이르시되 내가 반드시 너와 함께 있으리라 네가 그 백성을 애굽에서 인도하여 낸 후에 너희가 이 산에서 하나님을 섬기리니 이것이 내가 너를 보낸 증거니라
> 출 3:11-12

족장 시대에 접어든 이후 백성을 가르치고 인도하는 사명을 처음 받은 사람은 모세였다. 우리는 그에게서 하나님의 종에게 허락되는 중보자의 능력과 위치가 어떤 것인지 놀라운 실례를 발견할 수 있다.

1. 모세의 기도

모세는 광야에서 하나님의 부르심을 받은 첫 순간부터 기도한 사람이다. 모세는 백성들 앞에서 말해야 할 것을 하나님께 구했다(출 3:11-13). 모세는 하나님께 기도하며 자기의 연약함을 모두 아뢰고 이 사명에서 해방되기를 원했다(출 4:1-13).

자기들이 진 짐이 견딜 수 없이 무겁다고 하면서 백성들이 모세를 몰아세울 때에도 모세는 하나님께 그 일을 아뢨다(출 5:22). 또 두려움에 빠졌을 때도 모든 것을 다 하나님께 고했다(출 6:12).

이것이 그의 첫 번째 연단이었다. 이와 같은 값진 체험으로 얻은 것이 바로 기도의 능력이다. 그리하여 애굽 왕 바로가 주 하나님께 구하여 자기를 도와달라고 모세를 찾을 때마다 모세는 하나님에게 그 기도의 응답을 나타내 보였던 것이다(출 8:8, 9, 12, 28, 29, 30, 31; 9:28, 29, 33; 10:17, 18).

모세가 한 일과 하나님께서 모세에게 약속하신 것을 이루신 일에서 기도가 얼마나 중요한 역할을 했는지 온전히 느낄 때까지 모세의 기도에 관한 성경 구절을 상고할 필요가 있다.

모세는 홍해에서도 이스라엘 백성과 함께 하나님께 부르짖어 응답을 받아냈다(출 14:15). 백성이 광야에서 목말라 헤매던 가운데 아말렉 족속이 쳐들어왔을 때 그들을 구원했던 것은 역시 기도였다(출 17:4, 11).

시내 광야에서 이스라엘 백성이 금송아지 우상을 만들었을 때에 하나님의 진노로 인한 멸망을 피하게 했던 것 또한 기도였다(출 32:11, 14). 우상을 만든 죄를 사함 받은 것도 모세가 다시 여호와 하나님께 간구한 덕분이었다(출 32:31).

하나님의 임재가 그들과 함께 가는 것도 기도로만 확보할 수 있었던 것이다(출 33:17). 하나님의 영광의 계시를 가져온 것도 기도였다(출 33:19). 그리고 하나님의 영광이 나타났을 때, 하나님과의 언약을 새롭게 한 것도 새로운 간구였다(출 34:9-10).

신명기에 보면 이 모든 일을 잘 요약해 놓고 있다(신 9:18, 19, 20, 26). 우리는 모세가 여호와 앞에 사십 주야를 엎드렸던 사건 하나로도 모세가 얼마나 간절하게 기도했는지를 알 수 있다(신 9:25; 10:10).

민수기에서는 모세가 기도로 여호와의 불을 끈 일(민 11:2), 메추라기를 내리게 한 일(민 11:31), 미리암의 병을 고친 일(민 12:13), 백성이 가나안 땅으로 들어가기를 거역했을 때에 모세가 기도로 그 백성을 구한 일(민 14:17-20) 등이다.

기도는 고라에 대한 하나님의 심판을 내리게 했고(민 16:15), 하나님께서 온 회중을 멸하려고 하셨을 때

기도로 그들의 죄를 사함받기도 하였다(민 16:46). 기도는 반석에서 물이 나게 하였고(민 20:6), 기도에 대한 응답으로 어떤 곤경을 통해 하나님의 뜻을 나타내기도 했으며(민 27:5), 여호수아가 모세의 후계자로 세우심을 받기도 했다(민 27:16).

이 모든 말씀을 가슴에 깊이 새기되, 하나님의 종으로 세우심을 받은 한 사람의 생애를 통해 하나님께 바친 기도가 어떤 기적을 낳고 어떤 결과를 가져왔는지 마음의 문을 활짝 열어 놓고 한번 생각해 보아야 할 것이다.

그럴 때 각자 생각 속에서 흩어져 있던 말씀이 하나의 살아있는 덩어리로 모이게 될 것이며, 모세는 우리의 기도 생활을 위한 하나의 살아 숨쉬는 모범이 될 수 있을 것이다.

2. 실제적 교훈

우리는 모세에게서 중보자가 되기 위해 필요한 것이 무엇인지 배울 수 있다. 이를 테면 다음과 같은 교훈들이다.

첫째, 모세는 하나님께 온전히 복종한 사람이었으며 하나님을 섬기고 하나님의 영광과 뜻을 이루는 데 열정적이었으며, 하나님을 위해 질투까지 한 인물이었다.

모세는 자신을 완전히 포기하고 백성을 돌보았으며 백성을 구하기 위해 자신을 희생물로 바칠 각오까지 했다.

모세는 하나님과 땅 위 사람 사이의 교통과 축복을 맡은 통로요 중보자로서 하나님이 주신 신령한 소명을 깨달은 자였다. 그의 모든 생활은 하나님과 인간 사이의 중보자라는 인식으로 가득 차 있었기 때문에 자기 기도에 하나님이 응답하실 것을 조금도 의심하지 않았다.

둘째, 하나님은 한 사람의 기도에 응답하셔서 그에게 의탁한 사람을 구원하시고 축복하시며, 그렇지 않으면 하지 않으실 일을 하신다는 교훈을 배울 수 있다.

하나님이 통치하시는 세계에서 하나님의 계획을 이루어 갈 때, 기도가 어떻게 쓰이고 있는가를 알게 되는 것이다. 또 땅에서 드리는 기도가 어떻게 하늘에 계신 하나님의 복을 끌어내는 능력을 가질 수 있는가에 대해서도 알 수 있다.

셋째, 무엇보다 기도가 어떻게 영적 생활의 지표가 되며, 기도의 능력이 어떻게 하나님과 나의 관계 및 하나님의 대표자라는 인식에 달려 있는가를 보게 된다.

하나님은 자기 사업을 우리에게 맡긴다. 그리고 우리가 하나님의 사업을 위해 스스로 온전히 그리고 완전히 바치면 바칠수록 그가 나의 기도를 들으신다는 확신은 더욱 확실해지며 당연한 일로 보인다.

모세의 생애 가운데 하나님의 비중이 가장 컸다. 모세를 보내시고, 모세에게 함께하겠다고 약속하시고, 모세가 기도할 때마다 도우신 분이 하나님이시다.

3. 교훈의 적용

여기서 어떻게 모세와 같이 기도를 배울 것인지 실제적인 적용을 해보자.

우리는 의지의 행위로 이 은혜를 확보할 수는 없다. 우리의 최우선적인 교훈은 무력감 the sense of impotence 이다. '나는 약하여 내 힘으로는 아무것도 할 수 없습니다'라는 사실을 분명히 깨닫는 일이다. 그리고 하나님께서 주시는 연단에 복종하면서 서서히 그러나 확실하게 깨우치는 것이다.

비록 연단 과정이 빠르지 않다 하여도 한 가지 일은 즉시 행할 수 있는데, 자신을 기도 생활에 바치고 필요한 올바른 마음가짐을 가지기로 결심하는 일이다.

그리스도인들이여!

지금 바로 이것을 실천하자!

우리가 하나님의 축복이 세상으로 흘러넘치게 하는 통로로 온전히 사용될 수 있도록 결단하자!

우선 첫발을 내디디자!

정 필요하다면 10분간 깊이 생각하라!

하나님에게 나오는 신령한 소명을 받아들이자!

그리하여 어떤 중재의 대상을 품고서 시작하자!

시간을 내서 모세 이야기에서 받은 가르침으로 기본적인 진리를 굳게 잡아 마음에 새기자!

마치 음악 선생님이 음계를 연습하는 학생에게 하듯이 - 연습만이 완전하게 한다 only practice makes perfect - 완전히 배우고 첫 번째 교훈을 적용하기를 시작하라!

하나님은 그를 통해 세상을 축복할 사람을 찾고 계신다. 확고한 신념으로 말해 보라!

"내가 여기 있나이다. 내가 이 일에 내 생애를 모두 바치겠나이다."

'하나님은 우리 기도를 들으시고 구하는 대로 들어주신다'는 이 간단한 진리 안에서 우리의 믿음을 키워가자!

우리가 하나님께 온전히 드린 것같이 다른 사람을 위해서도 우리 자신을 온전히 바치자!

세상이 우리를 손짓해서 부르는 것에 외면하지 말자!

그리스도와 그리스도의 이름, 그리스도의 생명, 그리스도의 영혼이 우리에게 주는 능력 위에 굳게 서자!

지금 일어나자!

중보자의 사명을 반드시 해내자!

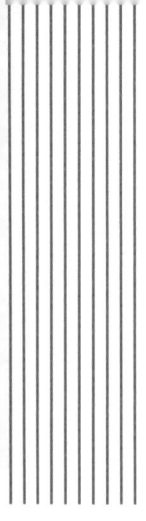

6. 하나님의 사람—모세

하나님의 사람 모세가 죽기 전에 이스라엘 자손을 위하여 축복함이 이러하니라 신 33:1

하나님의 사람!

이 얼마나 귀한 말인가?

하나님에게서 나온 사람, 하나님이 택하셔서 보내신 사람!

이 사람은 하나님과 동행하며 교제하는 삶을 살아가는 사람이다. 이 사람은 하나님의 임재를 드러내는 사람이다. 하나님과 그의 뜻을 위해 사는 사람이다. 그의 전인격과 존재는 하나님의 영광에 둘러싸였고 무언가에 이끌려 끊임없이 사람들에게 하나님을 생각하게 하는 사람이다.

하나님은 하나님의 사람을 통해 세상에서 가장 존귀한 자로 군림하신다. 하나님의 사람이 가진 유일한 소망은 세상 어디에서든 하나님이 올바른 자리에 계시는 것이다.

이 세상이 필요로 하는 것은 그런 하나님의 사람들이다. 하나님도 그런 사람들을 찾고 계신다. 하나님은 그런 사람들이 하나님의 은혜로 충만해져서 세상에 나가 하나님을 알지 못하는 자들을 하나님께 인도해 오기를 바라신다.

모세는 바로 이러한 하나님의 일꾼이었기에 너무도 당연히 '하나님의 사람 모세'라고 불리는 것이다. 모든 하나님의 종은 그런 사람이 되려는 목표를 가져야 한다. 즉, 하늘에서 하나님이 그에게 어떤 분이신지, 땅에서 하나님이 그에게 어떤 분이신지, 그리고 모든 상황에서 하나님이 어떤 분이 되기를 바라시는지에 대한 산 증인과 증거가 되는 것이다.

사람이 하나님과 가까워졌기에 '하나님의 사람'으로 불릴 수 있다는 사실은 시사하는 바가 크다. 이 말로 인해 보통 다른 사람에 대해 품는 생각이나 하나님의 임재로 얻는 능력에 대해 다시 생각하게 된다.

그리고 이 세상에 하나님의 사람이 얼마나 필요한가, 하나님께서 이런 사람을 얼마나 기다리며 찾고 계시는가를 생각해 보아야 한다. 범죄함으로 인하여 떨어져 나간 이 어두운 세상을 하나님께 돌아오게 하는 중보자가 필요하다.

그리스도의 피흘림으로 세상이 구속되었다. 그러나 하나님에겐 사람들에게 무엇을 해야 하는지 드러내 보일 방도가 없다. 또 이들을 일깨우고 부르셔서 도와주는 데도 마찬가지다.

그러므로 하나님은 하나님의 생명과 영과 능력이 힘차게 살아 움직이는 하나님의 도구를 사용하기를 원하신다. 인간은 하나님이 거하시고 역사하시며 하나님의 영광을 드러내기에 알맞은 존재로 창조되었다. 그리스도의 구속으로 사람들의 마음속에 성령 하나님이 강림하실 수 있게 되었다.

여기서 하나님은 다시 우리 안에 거하셔서 당신의 거처를 찾으실 수 있게 되었다. 그러므로 사람이 자기를 버리고 그 안에서 역사하시는 능력뿐만 아니라 그 안에 거하시는 하나님으로 임재하시는 성령님을 온전히 섬기기로 작정할 때, 그는 가장 진실한 의미의 하나님의 사람이 될 수 있는 것이다.

> 내가 아버지께 구하겠으니 그가 또 다른 보혜사를 너희에게 주사 영원토록 너희와 함께 있게 하리니 요 14:16

> 그 날에는 내가 아버지 안에, 너희가 내 안에, 내가 너희 안에 있는 것을 너희가 알리라 요 14:20

> 사람이 나를 사랑하면 내 말을 지키리니 내 아버지께서
> 그를 사랑하실 것이요 우리가 그에게 가서 거처를 그와
> 함께 하리라 요 14:23

> 우리가 이것을 씀은 우리의 기쁨이 충만하게 하려 함이
> 라 요일 1:4

바울은 '하나님의 사람으로 온전하게 되는 것'은 성경 말씀이 주는 능력을 통해서 가능하다고 했다. 이 말씀은 어떤 의미에서 그 인생이라는 것이 완전한 모습으로 나타나는 것이 아니라, 무엇인가 다른 요소에 의해 완전해져야 한다는 의미로 풀이할 수 있다.

> 모든 성경은 하나님의 감동으로 된 것으로 교훈과 책망
> 과 바르게 함과 의로 교육하기에 유익하니 이는 하나님
> 의 사람으로 온전하게 하며 모든 선한 일을 행할 능력을
> 갖추게 하려 함이라 딤후 3:16-17

결국 아침 경건의 시간이 개인적인 성경 공부를 위한 가장 좋은 시간인 것이다. 교훈과 책망과 바르게 함과 가르침을 통하여 우리의 마음과 생활을 하나님의 말씀에 완전히 맡겨 하나님의 직접적인 통치 아래 있게 되며 하나님과 완전한 영적 교제를 나눌 수 있게 되는 것

이다. 그래야 하나님의 사람으로 온전케 되며, 모든 선한 일을 할 수 있게 되는 것이다.

하나님의 사람이 되는 귀한 은총이 우리에게 내린다면 얼마나 기쁜 일이겠는가!

하나님의 사람은 세 가지 사실을 깨닫고 증언하는 사람이다.

첫째, 하나님은 모든 것이 되신다 God is all.

둘째, 하나님은 모든 것을 주장하신다 God claims all.

셋째, 하나님은 모든 것 위에 역사하신다 God works all.

하나님의 사람은 우주와 사람에게서 가진 하나님의 자리를 본 사람이다.

하나님은 모든 것의 모든 것이다!

하나님의 사람은 하나님이 요구하는 것이 무엇인지를 이해하고, 하나님께 합당한 의무와 영광을 드리기 위해서만 사는 사람이다.

하나님의 사람은 하나님이 모든 것 위에 역사하시는 큰 비밀을 발견하여, 아버지께서 그 안에서 말씀하시고 일하시는 하나님의 아들과 같이, 끊이지 않는 복된 의존 가운데 사는 사람이다.

형제들이여!

하나님의 사람이 되기를 구하라!

아침 경건의 시간에 하나님이 우리의 모든 것이 되도록 노력하라!

우리의 인생이 한 가지 일에만 바쳐질 수 있도록 하라!

하나님을 모르고 방황하는 사람을 하나님께로 인도하고 하나님이 사람들에게 오셔서 함께하시게 하라!

그래서 하나님께서 교회와 이 세상에 계셔야 할 자리에 계시도록 하라!

엘리야는 오십부장에게 대답했다.

> 내가 만일 하나님의 사람이면 불이 하늘에서 내려와 너와 너의 오십 명을 사를지로다 왕하 1:10

신실하신 하나님은 불로 응답하시는 하나님이시다. 그리고 진정한 하나님의 사람은 하늘에서 불이 내리게 할 줄 아는 사람이다. 하늘에 계신 하나님에게서 능력을 받았기 때문이다.

하나님의 사람이 하는 일은 땅 위에 불이 내리게 하는 것이다. 그 불은 심판의 불일 수도 있고 성령의 불일 수도 있다. 이 세상에는 하나님의 무한하신 능력이 어떠한지 알고 하나님과 함께 능력을 보여줄 수 있는 사람이 필요하다.

은밀한 곳에서 하나님께 기도하여 하나님이 누구신지 알게 되면 하나님의 불과 하나님에게 받는 능력이 어떤지도 깨닫게 된다.

하나님의 사람이 된다는 것이 얼마나 놀라운 일인가! 그 의미가 무엇인지 생각해 보라!

모세뿐만 아니라 엘리야가 한 말에서도 모든 달콤한 유혹을 물리치고 오직 하나님의 인격과 온전히 일치하며 이제 더 이상 세상에 속하지 않고 하나님의 사람이 된다는 것이 어떤 의미인지 알 수 있다.

모세와 엘리야는 기도의 사람, 말씀의 사람이 되어 비로소 하나님의 사람으로 쓰임을 받았다. 우리도 하나님의 사람이 되어 하나님의 일을 위해 살 수 있으며, 하나님이 이 세상에서 우리에게 주신 귀한 사명을 다할 수 있다. 오직 기도의 사람, 말씀의 사람이 됨으로써 말이다.

7. 말씀의 능력

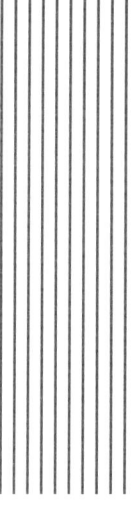

이 말씀이 또한 너희 믿는 자 속에서 역사하느니라 살전 2:13

내 앞에서 말하는 사람의 말이 가지는 가치는 그 사람에 대해 알고 있는 내용에 따라 달라진다.

누가 내게 자기 재산 절반을 주겠다고 약속했을 때, 그 사람이 백만장자인 경우와 가난뱅이인 경우에 따라 그 약속의 가치가 얼마나 다르겠는가?

성경 공부가 유익해지려면 가장 필요한 것이 하나님을 전능하신 분으로 알고 하나님의 말씀의 능력을 인정하는 것이다. 하나님의 말씀이 가진 능력은 무한하다.

여호와의 말씀으로 하늘이 지음이 되었으며…그가 말씀하시매 이루어졌으며 명령하시매 견고히 섰도다 시 33:6, 9

하나님의 전능하심은 하나님의 말씀을 통해 나타난다. 그 말씀은 창조하는 능력이 있어 명하신 말씀대로 만물이 존재하게 된다. 살아계신 하나님의 말씀은 살아있는 말씀이요 생명을 주는 말씀이다. 만물을 창조할 수도 있고 죽은 것도 다시 살릴 수 있다.

말씀의 소생시키는 능력은 죽은 육신도 일어나게 하고 죽은 영혼을 영원한 생명으로 인도할 수 있다. 모든 영적인 생명은 하나님의 말씀에서 나온다. 우리가 영원토록 함께 거하는 하나님의 말씀으로 인해 썩지 않는 씨로 태어났기 때문이다.

바로 여기에 하나님의 말씀의 가장 깊은 비밀 가운데 하나인 만물을 창조하고 소생시키는 힘이 숨어 있다. 하나님의 말씀은 그 말씀이 명령하고 약속하는 성품과 은혜를 우리 안에서 이룰 것이다.

> 이 말씀이 또한 너희 믿는 자 가운데에서 역사하느니라
> 살전 2:13

성령을 통해 마음속에 하나님의 말씀을 받아들인 사람은 그 말씀을 거역할 수 없다.

> 여호와의 소리가 힘 있음이여 여호와의 소리가 위엄 차도다
> 시 29:4

주님의 음성은 능력이 있다. 모든 것은 마음으로 하나님의 말씀을 받아들이는 기술을 배우는 데 달려 있다. 이를 깨닫기 위해 먼저 하나님의 말씀이 살아있으며 전능할 뿐만 아니라 만물을 창조하는 능력도 있다는 것을 온전히 믿고 받아들이는 태도가 필요하다.

이것은 창조부터 죽은 자를 다시 살리신 일까지 하나님이 하신 모든 권세 있는 역사를 통해 거짓됨 없는 진실로 드러났다. 말씀을 기록한 성경, 즉 하나님이 우리에게 주신 모든 말씀에도 진실이 드러났다.

우리가 이것을 믿는 것이 당연한 일인데도 믿지 못하는 것은 무엇 때문인가?

나뿐만 아니라 세상 모든 사람이 인간적인 꾀와 불신앙이나 세상사에 대한 근심과 걱정 때문에 하나님의 말씀을 올바르게 대할 기회를 가지지 못하는 것이 한 가지 이유가 될 수 있다.

또한, 말씀이 씨앗이라는 성경의 가르침을 무시하기 때문이다 씨는 크기도 아주 작고 오랫동안 잠자는 것처럼 보인다. 씨는 밭에 뿌려져야 한다. 뿌려진 후에도 씨는 아주 천천히 자라나기 때문에 육안으로는 자라는 것을 볼 수 없다.

하나님의 말씀의 역사도 성장이 늦고 작아 보여서 마치 숨긴 것 같아 우리 눈에 띄지 않기에 그 전능함을 믿지 못하는 것이다. 그것을 우리의 첫 번째 교훈으로 삼자.

내가 공부하는 말씀은 구원으로 인도하는 하나님의 능력이 된다. 하나님의 말씀은 나에게 부족한 모든 것을 채우고 하늘에 계신 아버지께서 원하시는 모든 것이 이루어지도록 역사한다.

이러한 믿음은 우리의 영적인 생활에 놀라운 전망을 열어준다. 우리가 닿을 수 있는 곳에서 하나님의 은혜의 모든 보화와 축복을 볼 수 있다. 하나님의 말씀은 우리의 어두움을 밝히는 권능을 가지고 있다. 우리의 마음속에 하나님의 광채를 비추며, 하나님의 사랑을 심어주고 또 하나님이 계획하신 뜻을 알 수 있게 해준다.

그뿐만 아니라 우리를 대적하는 모든 원수를 이기고 하나님이 부탁하신 모든 일을 이룰 힘과 용기를 채워주기도 한다. 하나님의 말씀은 우리를 깨끗하고 거룩하게 하여 믿음과 순종으로 역사하게 하고, 우리 안에 주님의 형상을 닮아가게 하는 모든 근원이 될 수 있다.

성령은 하나님의 말씀을 통해 우리를 모든 진리로 인도하며, 하나님의 말씀 안에 있는 모든 것을 우리 안에서 진실하게 함으로써 하나님 아버지와 그 아들이 들어와 동거할 수 있는 거처로 우리 마음을 준비시킨다.

이 일을 조금도 의심하지 않고 진실로 믿는다면, 아침에 일어나 경건의 시간을 지키는 것이 아예 하나님의 말씀의 능력을 믿고 따르는 것으로 바뀌게 될 수도 있다.

이제 직접 경험한 말씀의 능력을 증언하는 새로운 믿음의 생활을 시작하라!

하나님의 말씀에서 솟아나는 권세 있는 능력을 발휘하는 일에 조용히 몸과 마음을 바치기로 결심하라!

하나님께서 하나님의 말씀이 우리 안에서, 우리를 통하여 진리가 되게 해주실 것이다.

그러나 우리 안에 그러한 말씀의 능력이 나타나지 못하도록 방해하는 것에 대해 배워야 할 것이 많다. 이와 같은 방해들에서 자유롭게 되게 위해 극복해야 하는 것들도 많다. 하나님의 말씀의 역사를 받아들이기 위해 포기해야 하는 것도 많다.

그러나 하나님의 말씀에 모든 축복의 약속을 이룰 전능한 능력이 있음을 믿는 굳은 결심을 가지고 성경을 공부한다면 모든 것이 순조로울 것이다.

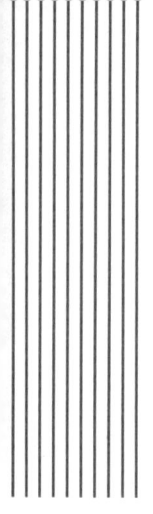

8. 씨앗이 되는 말씀

너는 기도할 때에 네 골방에 들어가 문을 닫고 은밀한 중에 계신 네 아버지께 기도하라 마 6:6

하나님의 말씀이 무엇인지 설명할 때 '씨앗'보다 더 정확한 말은 세상에 없을 것이다. 말씀을 영적으로 온전히 이해한다는 것은 은혜에 이르는 지름길이다.

쉽게 알 수 있는 비유가 몇개 있다. 씨앗이라는 것은 겉보기에는 시시해 보인다. 씨앗이 장차 자라서 될 커다란 나무와 비교해 보면 씨앗이 볼품없는 것이라는 게 확실히 드러난다. 그러나 그 껍데기 안에는 누구도 만들어 낼 수 없는 생명이 고요히 잠자고 있다.

씨앗은 그에 알맞은 땅이 필요하다. 땅이 없으면 자라날 수 없다. 또 씨앗은 자라는 속도도 매우 느려서 농부의 애를 태운다. 그러나 마침내 열매가 열리면 몇 십 배, 몇백 배의 결실을 얻을 수 있다. 이 이야기에서 우리는 하나님의 말씀에 관한 귀한 가르침을 얻을 수 있다.

첫째, 믿음의 교훈이다 the lesson of faith.

믿음은 눈에 보이는 것을 바라보지 않는다. 하나님의 말씀을 통해 우리에게 생명이 주어지고 그 말씀에 기록된 일을 우리 안에서 이룰 수 있다는 것은 정말 불가능해 보인다.

그것이 어떻게 사람의 전인격을 변화시켜 강건한 힘으로 채울 수 있겠는가?

의심스럽지만 사실이다. 이것을 믿을 때 성경을 공부하면서 우리가 찾아낼 수 있는 비밀 중에 가장 중심이 되는 것을 이미 발견하는 셈이다. 이 같은 믿음의 상태에서 하나님이 주신 모든 말씀을 우리 안에서 이루고자 하신 언약과 능력의 말씀으로 받아들일 수 있게 된다.

둘째, 노동의 교훈이다 the lesson of labour.

씨앗은 모아서 땅에 뿌려야 한다. 성경에서 필요한 말씀을 모아서 깨달은 다음, 그 말씀을 우리 마음에 갖다 놓아야 한다. 우리 마음은 이 신령한 씨앗이 자랄 수 있는 유일한 땅이다.

생각만으로는 씨앗을 자라게 할 수 없다. 우리가 씨앗에 생명을 주거나 성장하도록 할 수 없다. 또 그렇게 할 필요도 없다. 씨앗을 내 마음에 심고 꼬옥 간직하며 높은 곳에서 내려오는 햇볕을 기다리기만 하면 된다.

셋째, 인내의 교훈이다 the lesson of patience.

마음속에 말씀이 들어 있어도 그 효과는 금방 나타나지 않는다. 뿌리를 내리고 성장하기 시작하는 데에도 시간이 걸린다.

그리스도의 말씀도 우리 안에 거하지 않으면 안 된다. 날마다 곡식을 곳간에 쌓아두듯 하나님의 말씀에서 나오는 지식을 점점 더 깨우쳐서 내면에 쌓아두어야 한다. 이보다 더 중요한 것은 계명이나 약속의 말씀을 잘 살펴 마음 밭에 심어서 그것이 뿌리를 내리고 가지를 뻗어 열매를 낼 수 있게 해야 한다는 것이다.

마음속에 무엇을 심었는지 잊지 않고 인내하고 기다리면서 심은 것이 어떤 상태인지 살피는 것도 중요하다. 중간에 약해지지 않고 때가 되면 결실하게 될 것이다.

넷째, 풍성한 결실의 교훈이다 the lesson of fruitfulness.

말씀의 씨앗은 지극히 작아 보인다. 생명력도 매우 빈약해 보이고 완전히 감추어져 있으며 빨리 자라지도 못한다. 그러나 확실한 것은 틀림없이 결실을 한다는 것이다. 말씀이 우리 안에서 자라나 익게 된다는 말이다. 왜냐하면, 하나님이 능력으로 맡아 기르시기 때문이다.

씨앗이 열매를 맺고 그 열매도 속에 다시 자라나 결실할 수 있는 씨앗을 품게 되듯이 말씀도 약속하신 열매를 맺을 뿐 아니라, 그 열매가 다시 사람들에게 생명과 축복을 줄 씨앗이 된다.

하나님의 말씀뿐만 아니라 하늘나라도 씨앗과 같다. 그리스도도 한 알의 씨앗이다. 성령도 한 알의 씨앗이다. 우리의 마음속에 들어오신 하나님의 사랑도 한 알의 씨앗이다. 우리 안에서 역사하시는 하나님의 사랑도 한 알의 씨앗이다.

이 말은 우리의 마음속에서 말씀의 능력 있는 역사가 언제나 즉시 느껴지는 것이 아니라는 말이다. 또한, 하나님의 영광이 거기에 있다는 사실도 모르는 경우가 많다는 말이다.

이것은 믿음으로만 알 수 있다. 우리는 몸으로 느끼지 못해도 말씀을 의지하며 말씀에 따라 행동해야 한다. 그것이 성장의 움을 틔우기까지 기다려야 한다.

이와 같은 믿음의 태도를 가진다면 하나님의 말씀을 공부하는 일은 살아계신 하나님께 대한 믿음과 복종과 의지의 한 표현이 된다. 우리가 해야 할 일은 가난하고 온전한 마음으로 하나님의 씨앗을 받는 것이다. 우리가 구하거나 생각하는 것보다 더욱 큰 능력으로 자라기 위하여 절대적인 의존 가운데 하나님을 기다리자.

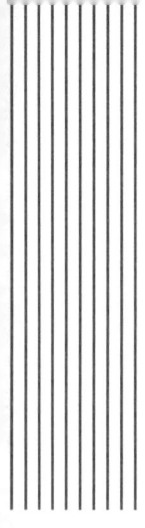

9. 깨달음과 행함

예수께서 이르시되 오히려 하나님의 말씀을 듣고 지키는 자가 복이 있느니라 하시니라 눅 11:28

사람이 하나님의 뜻을 행하려 하면 이 교훈이 하나님께로부터 왔는지 내가 스스로 말함인지 알리라 요 7:17

얼마전에 어느 젊은 성도가 했던 요청이 있다.

성경 공부를 하려는데 좀 도와주세요. 지침이 될 만한 몇 가지 원칙을 주세요. 어떻게 시작해야 하는지, 계속하려면 어떻게 해야 하는지도요. 성경을 좀 잘 알고 싶거든요.

이런 질문은 신실한 그리스도인이라면 누구나 가졌던 질문이어서 그 답을 여기에 몇 가지로 정리해 보겠다.

하나님의 귀한 말씀에서 신령한 가르침과 영양분을 뽑아내는 방법과 하나님께서 우리를 위해 예비하신 넘치는 기쁨과 충만한 힘을 찾아내는 방법에 대해 설명하려 한다.

무엇보다 중요한 문제는, 성경을 공부할 때 모든 것은 그것을 대하는 자세에 달려 있다는 것이다.

당신이 성경을 공부하는 목적이 무엇인가?

세상 일을 할 때에도 보통 미리 정한 목표가 있게 마련이어서, 이 목표를 가지고 마음을 다지거나 행동을 통제하게 된다. 성경 공부도 마찬가지다.

의외로 여길지 모르겠지만 그저 성경을 좀 더 잘 알고 싶어서 공부한다면 실망할 수밖에 없을 것이다. 성경을 공부하여 성경 지식에 통달하면 당연히 축복도 따라올 것이라고 생각하는 것은 착각이라고 말해주고 싶다.

성경 지식이 어떤 이에게는 저주가 되거나 아예 아무런 일도 생기지 않기도 한다. 성경을 알아도 신령해지거나 행복한 마음이 들지 않기도 한다. 성경 지식이 무거운 짐이 되기도 하고, 힘을 북돋아 주지도 못하며, 영적인 생활을 퇴보시킬 수도 있다.

그래서 성경을 공부하는 사람에게는 올바른 태도나 목표가 필요하다. 하나님의 말씀은 우리가 먹고 마시는 음식물과 같다. 말하자면 '하늘에서 내려오는 떡'이다.

성경을 공부할 때 필요한 사항들은 다음과 같다.

첫째, 의에 심히 굶주리는 상태이다.

둘째, 하나님의 모든 뜻을 행하고자 하는 간절한 열망이다.

성경은 어두운 길을 밝히는 빛이므로, 그것을 즐거워하는 첫 번째 조건은 하나님께서 가르치신 길을 걷겠다는 간절한 열망이다. 이것이 내가 맨 앞에서 말씀드린 성경 본문이다.

> 예수께서 이르시되 오히려 하나님의 말씀을 듣고 지키는 자가 복이 있느니라 하시니라 눅 11:28

하나님을 말씀을 지키지 않고 그저 듣고 깨우치는 것만으로는 복이 되지 않는다. 말씀은 지키지 않고 순종하지 않고 행하지 않으면 아무것도 아니다. 주님이 주신 말씀에 보면 진실로 하나님의 말씀을 깨닫는 것은 먼저 그 말씀에 따라 행하겠다는 우리의 의지와 결단에 달려 있다.

여기에 중요한 의미가 있다. 하나님은 하나님의 말씀을 온전히 깨달아 약속하신 축복을 받는 것을 아무에게나 허락하지 않으신다. 말씀에 따라 행하기로 분명히 결단하는 자에게만 그 비밀을 허락하신다. 성경 말씀을 읽을 때 그 말씀대로 행하겠다는 뚜렷한 목적을 가지고 있어야 한다는 말이다.

이는 말이 쓰이는 모습을 보면 확실히 알 수 있다. 말은 의지와 행동의 중간에 있다. 어떤 사람이 당신에게 무언가를 베풀어 주고자 한다면 그것을 구체적으로 실행하기 전에 먼저 자신의 생각이나 목적을 말로 드러내게 된다. 그다음에 자기가 약속한 일을 행하여 자신의 말을 실현하는 것이다.

하나님도 마찬가지다. 하나님은 세상을 창조하실 때 능력 있는 말씀으로 하셨다. 하나님이 말씀하시매 말씀대로 되었던 것이다. 하나님은 말씀하신 대로 행하신다.

> 여호와 하나님이여…말씀하신 대로 행하사 삼하 7:25

다윗의 기도다. 솔로몬도 성전을 봉헌하면서 외쳤다.

> 이스라엘 하나님 여호와를 송축할지로다 여호와께서 그의 입으로 내 아버지 다윗에게 말씀하신 것을 이제 그의 손으로 이루셨도다…이제 여호와께서 말씀하신 대로 이루셨도다…주께서 주의 종 내 아버지 다윗에게 허락하신 말씀을 지키시되 주의 입으로 말씀하신 것을 손으로 이루심이 오늘과 같으니이다…주는 주의 종 다윗에게 하신 말씀이 확실하게 하옵소서 대하 6:4, 10, 15, 17

하나님도 선지서에서 말씀하셨고, 선지자들도 하나님의 말씀이 이루어졌음을 기록했다.

> 나 여호와가 말하였은즉 그 일이 이룰찌라 내가 돌이키지도 아니하며 아끼지도 아니하며 뉘우치지도 아니하고 행하리니 그들이 네 모든 행위대로 너를 심문하리라 나 주 여호와의 말이니라 하셨다 하라 겔 24:15

> 여호와께서 그가 말씀하신 대로 행하셨으니 렘 40:3

하나님이 약속하신 것이 정말로 값진 것이라는 말은 하나님이 약속을 행하신다는 바로 이 사실에 근거가 있다. 하나님이 말씀을 주기만 하시면 그 말씀은 하나님이 행하심으로 이루어진다.

이 같은 사실은 하나님이 내리신 계명의 말씀이나 우리에게 명령하신 일에서도 그대로 드러난다. 하나님께서 명령하신 말씀을 따르면 많은 일을 할 수 있다. 말씀을 깨닫고자 열의를 가질 수도 있고, 말씀의 아름다움을 찬양할 수도 있고, 말씀의 지혜를 찬송할 수도 있다.

그러나 만일 우리가 하나님께서 명하신 말씀대로 행하지 않는다면, 스스로를 속이는 것이 되어 더 이상 하나님을 기쁘시게 할 수 없다. 말씀은 지켜 행하라고 주신 것이다.

말씀이 명하는 대로 행하면 말씀이 주는 진정한 의미와 약속하신 축복이 우리에게 드러나게 된다. 우리가 그 말씀대로 행할 때에만 신령한 생활에서 참으로 성장할 수 있다.

> 주께 합당하게 행하여 범사에 기쁘시게 하고 모든 선한 일에 열매를 맺게 하시며 하나님을 아는 것에 자라게 하시고 골 1:10

그렇게 행해야 한다는 하나님이 의도하신 목적 그대로 하나님의 말씀에 나아갈 때에만 성경에서 약속하신 축복의 소망을 가질 수 있게 된다.

이는 학생으로 공부하거나 사업하거나 생계를 위해 일하더라도 적용해야 할 모범이다. 어떤 처지에 있든지 누구나 지켜야 할 지침을 반드시 몸으로 실행하지 않으면 안 된다. 이렇게 해야 다음 단계의 기술이나 지식을 배울 수 있기 때문이다.

그리스도인의 생활도 마찬가지다. 성경 공부는 단순한 이론에 불과하며 하나의 즐거운 경험이나 생각이나 상상력의 연습일 뿐이다. 이것이 진정한 그리스도의 형상을 따라가는 생활에는 크게 영향을 미치는 것이 아니다.

그래서 성경 공부라는 것은 반드시 하나님께서 목적

하신 바를 하나님께서 원하시는 그대로 이루어 드리고자 하는 마음으로 성경을 펴겠다는 엄숙한 자기 결단이 없이 결코 아무런 소용없는 일이 되고 만다.

성경을 공부하는 사람은 "내가 말한 것을 빠짐없이 행하라"고 하신 하나님의 말씀을 청종하며 복종할 마음의 준비가 되어 있어야 한다. 이는 과거에도 하나님의 위대한 사람들이 보여준 징표였다.

> 이에 아브람이 여호와의 말씀을 따라갔고 창 12:4

> 모세가 여호와께서 자기에게 명령하신 대로 하매 회중이 회막 문에 모인지라 레 8:4

> 내가 이새의 아들 다윗을 만나니 내 마음에 맞는 사람이라 내 뜻을 다 이루리라 행 13:22

시편 119편에서는 다윗이 하나님과 더불어 그의 말씀에 대해 이야기를 나누며 하나님의 광채와 가르침의 은혜를 구하면서도 항상 복종하고 순종하겠다고 서약했던 것을 알 수 있다.

다른 어떤 사람보다도 말씀을 잘 듣고 행하는 것은 하나님의 아들이신 그리스도의 징표라고 할 수 있다. 그리스도는 일심으로 하나님의 뜻을 이루기 위해 온 마음을 바쳤던 것이다.

사랑하는 형제 자매들이여!

하나님의 자비로우심을 간절히 사모하라!

하나님을 향하여, 하나님의 말씀의 보배 속으로, 그리스도가 거하시는 궁궐 속으로 인도해 주시기를 갈망할 때 마치 살아있는 희생 제물처럼 하라!

하나님이 말씀하시는 것이면 무엇이든지 행할 준비를 갖추라!

이런 것이 당연히 갖춰질 줄로 생각하지 말아야 한다. 여기에는 당신이 알고 있는 것보다 더욱 깊은 의미가 있다. 성경을 공부할 때 이와 같은 마음가짐을 갖추지 않는 것은 생각보다 훨씬 많이 일어나는 현상이다.

마음속 깊은 데서 우러나는 겸손으로 구하라!

음식을 맛있게 먹기 위한 전제 조건은 배고픔이다. 성경을 공부하는 데 맨 먼저 갖추어야 할 준비는 하나님이 무엇을 행하기 원하시는가를 알아내기 위해 필요한 순전하고 설난력 있는 마음가짐이다. 하나님이 원하시는 것을 행하겠다는 단호한 결심이다.

어떤 자라도 그의 뜻을 행하고자 한다면 그의 가르침이 어디에 있는가를 알아야 할 것이다. 그 사람에게는 진실로 하나님의 말씀의 비밀이 활짝 열리게 될 것이다.

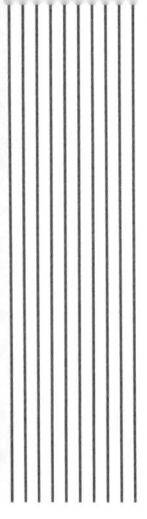

10. 행하는 자의 축복

> 너희는 말씀을 행하는 자가 되고 듣기만 하여 자신을 속이는 자가 되지 말라 누구든지 말씀을 듣고 행하지 아니하면 그는 거울로 자기의 생긴 얼굴을 보는 사람과 같아서 제 자신을 보고 가서 그 모습이 어떠했는지를 곧 잊어버리거니와 자유롭게 하는 온전한 율법을 들여다보고 있는 자는 듣고 잊어버리는 자가 아니요 실천하는 자니 이 사람은 그 행하는 일에 복을 받으리라 약 1:22-25

말씀을 듣기만 하고 행하지 않으면 스스로 속이는 것이 된다. 성경의 가르침을 열심히 꾸준히 듣기는 하지만 그것을 행하지 않는 그리스도인이 수를 헤아릴 수 없을 정도로 많다는 것은 실로 놀라운 일이 아닐 수 없다.

남에게 고용되어 일하는 사람이 지시하는 것을 듣기만 하고 실행에 옮기지 않는다면 어느 고용주라도 그것을 가만히 참고 있지는 않을 것이다. 그런데 참으로 이

상한 일은 그리스도인 중에 자기가 하나님 앞에 선한 그리스도인의 생활을 하지 않는다는 사실을 전혀 모르는 사람이 많다는 것이다.

어째서 이렇게 스스로를 속이는 현상이 일어나는가?

첫째, 사람은 말씀을 들어서 느끼는 기쁨을 예배와 혼동한다. 누구든지 순수한 진리 앞에 서면 즐거워진다. 진리의 말씀을 상상 속에서 그려보는 일도 큰 기쁨이다. 더구나 열심을 내서 얻은 기쁨이라면 기분은 더욱 고양된다. 무엇인가 남달리 알고 있다는 기분은 큰 즐거움이 될 수 있다.

누군가가 어느 과학 분야를 연구하여 많은 것을 발견했어도 그것을 실제로 적용하지 않고 지식을 쌓는 것에만 만족할 수도 있다. 마찬가지로 그리스도인 중에 교회에 나가 설교 말씀을 듣고 만족하면서도 하나님이 원하시는 대로 행하지 않는 사람이 있다.

예수를 믿기로 작정한 사람이라도 아는 것으로만 만족한다면, 믿지 않는 사람과 무엇이 다르겠는가?

둘째, 이러한 자기기만의 이유로 들 수 있는 또 한 가지는 선을 행할 능력이 없다는 관념을 신앙처럼 믿는 것이다. 그리스도인 중에 그리스도의 은혜로 우리 안에 순종의 역사가 일어나며, 죄에서 해방되어 참으로 거룩한 모습으로 바뀔 수 있다는 사실을 믿지 않는 사람들이 간혹 있다. 실제로 그들은 죄에서 해방되어 자유를 얻는 것이 불가능하다고 생각하며 다음과 같이 말한다.

> 솔직히 말해 하나님께서 우리에게 완전한 순종을 기대하실 리가 없습니다. 왜냐하면, 우리가 완전히 순종할 수 없는 불완전한 존재라는 것을 당연히 알고 계실 테니까요.

그러나 이는 하나님께서 요구하고 계시는 모든 일에 순종하려는 단호한 생각을 그 밑뿌리에서부터 잘라버리는 잘못을 범하는 것이다. 이것은 마음의 문을 닫아서, 하나님의 은혜로 우리 안에서 일어날 모든 역사를 믿으며 체험하고자 하는 간절한 열망을 방해하는 것이다. 이런 생각으로는 죄악의 한가운데서 빠져나올 수 없다.

들어도 행함이 없다는 것은 얼마나 기막힌 속임수인가!

셋째, 또 한 가지 이유는 특히 개인적으로 성경을 읽는 것과 관계된다. 즉, 말씀을 듣거나 읽는 것을 하나의 의무로 간주하며, 그것을 종교적 섬김으로 생각한다는 사실이다.

우리는 아침에 성경 말씀을 읽는 데 5분 내지 10분을 보낸다. 묵상도 하면서 주의 깊게 읽고, 읽은 것을 이해하려고 애쓰기도 한다. 신실한 마음과 함께 그와 같은 의식은 우리의 양심을 편하게 해주며 나아가 우리에게 만족감을 주기도 한다.

그러나 이런 의무를 이행하거나 지식을 습득한다고 해도 그것이 실제로 활용되거나 응용되지 않는다면, 그것보다 우리에게 더 장애가 되는 일은 없을 것이다. 그러면 얼마 가지 못해서 이 일을 그만두게 될 것이고 따라서 결국 아무것도 이루지 못하게 되는 셈이 된다. 왜냐하면, 주님께서 우리에게 기대하고 바라시고 명령하신 일을 다하지 못했기 때문이다.

이러한 자기기만은 골방에서 아침 경건의 시간을 가져야 극복하고 정복할 수 있다. 하나님께서 우리에게 말씀시는 것을 즉시 행하는 데 신경을 쓰다 보면, 성경 읽기 계획에 차질이 생길 수도 있고 뒤떨어질지도 모른다.

굳이 계획에 차질이 생기게 할 필요는 없겠지만, 차질이 생기더라도 신경을 쓸 필요가 없다. 행함이 없이 읽기만 계속하는 것보다 차라리 계획대로 하지 못하고 뒤처지는 편이 훨씬 낫다.

모든 일의 성패는 행함에 좌우된다. 하나님의 가르침을 받기 위해 하나님의 도를 기뻐하며 그것을 행하는 일에 온 뜻을 바치겠다는 마음을 가져야 한다. 행함에 대한 의지 없이는 지식도 소용이 없는 것이며, 겨우 머리 안에만 쌓이다 썩고 마는 것이 될 뿐이다.

인생, 학업, 사업 등 어디에서든 어떤 지식을 진정으

로 깨닫는 유일한 길은 그것을 실천해 보는 것 외에 달리 방도가 없다. 행할 수 없는 일은 완전히 깨달을 수도 없다. 하나님을 알고 하나님의 축복의 은총을 맛보기 위해서는 하나님의 뜻을 따라 행하는 도리밖에 없다.

내가 고백하는 신앙이 내 감정과 짐작 속에 있는 작은 신(神)에 불과한지, 아니면 만물을 다스리고 만물 위에 역사하시는 진실되며 살아계시는 하나님이신지는 행함으로 분명히 가려낼 수 있다. 하나님에게 결속되어 하나가 되는 길은 하나님의 뜻을 행함으로 그것에 결속되어 하나가 되는 수밖에 없다.

하나님의 뜻을 행하고 순종해야, 내가 그것을 사랑하고 나의 것으로 받아들이며 나 자신이 그것과 일체가 된다는 사실을 증명할 수 있다.

이 비밀을 단번에 그리고 영원히 나의 것으로 흡수할 싸움터는 바로 아무도 보지 않는 묵상하는 골방이며, 아무도 없는 중에 개인적으로 성경 말씀을 읽고자 하는 영혼 속이다. '하나님께서 말씀하시는 것은 무엇이든지 행하겠습니다'라고 결심하고 그것을 실천에 옮긴다면, 자기를 속이는 일은 극복될 것이다.

하나님이 말씀하시는 일을 행하기로 결심했다면, 하나님의 말씀 중에서 구체적인 부분을 뽑아 그에 대해 무엇을 어떻게 할 것인지 표시해 보는 것도 도움이 될 것이다. 예를 들면, 산상설교를 생각할 수 있다. 예수께서 가르치신 8가지 복 중에 첫 번째 것으로 시작해 보자.

> 심령이 가난한 자는 복이 있나니 마 5:3

이에 대하여 스스로에게 묻는다.

'이것이 무슨 뜻인가?'

'이 말에 복종할 수 있는가?'

'이와 같은 태도를 취하기 위해 날마다 열심으로 노력하는 데 소홀히 한 점은 없는가?'

자신이 지닌 교만함과 자신감에 넘친 생각으로 이런 마음에서 멀다는 것을 인정할 때에는 그리스도 앞에 무릎 꿇고 복종으로 그분이 내 안에서 나의 마음을 주장하여 가난한 심령이 되게 하실 수 있다는 것을 믿고자 하는 의지의 결단이 있어야 한다.

'내가 심령이 가난해지기 위해 정직하게 살 것인가?'

'아니면 나는 다시 말씀을 듣고 행하지 않는 사람이 되고 말 것인가?'

이런 식으로 예수님이 가르치신 팔복(마 5:1-12; 눅 6:20-23)과 산상설교 전체(마 5-9장)를 하나하나 점검할 수 있다. 그렇게 하여 겸손과 자비, 사랑과 의에 관한 예수님의 가르침, 모든 일을 함에 하늘에 계신 아버지께 하듯 해야 한다는 사실, 만사에 하나님을 의지해야 한다는 가르침을 분명하게 깨달을 수 있을 것이다.

성경 구절을 대할 때마다 스스로에게 질문을 던지라!

'이것이 무슨 뜻인지 아는가?'

'나는 이대로 살고 있는가?'

'나는 이것을 실천하고 있는가?'

'나는 하나님께서 말씀하신 바로 그런 사람인가?'

우리의 대답은 어떠한가?

"글쎄요. 자신 없는데요. 이대로 살거나 하나님이 말씀하신 대로 행할 수 있을 것 같지가 않습니다."

바로 이 때문에 우리의 신앙과 행위 모두를 전면적으로 개혁할 필요가 있다고 생각한다. 이것은 하나님이 원하시는 대로 무엇이든지 행하고자 결심하는 데 커다란 위험이 된다.

그러나 이러한 문제를 살펴보면 나 자신에게도 이런 점이 상당히 많다는 것을 알 수 있다. 내게 생명을 불어넣으시고, 말씀을 통해 약속하신 모든 것을 내 안에서 성취하시는 그리스도를 원하고 있음을 새삼 통찰할 수 있게 된다. 나는 믿음 안에서 용기를 얻어 외칠 수 있게 될 것이다.

> 나는 나를 강건케 하시는 이를 힘입어 무슨 일이든지 행할 수 있습니다. 그가 말씀으로 명하신 일은 모두 행할 것입니다.

11. 그리스도의 계명

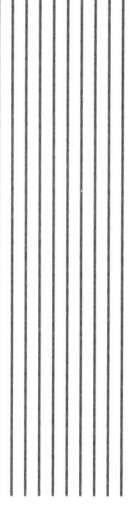

> 너희가 이것을 알고 행하면 복이 있으리라 요 13:17

하나님의 말씀의 복됨과 축복은 그것을 행함으로써만 알 수 있다. 이 주제는 그리스도인의 생활에서 지극히 중요하다. 그래서 다시 한번 이에 대해 이야기하고 싶다. 말씀을 지키는 일, 즉 계명을 지키는 일에 대해 생각해 보자.

예수님이 승천하시기 전에 제자들에게 몇 번이고 당부하셨던 말씀을 보자.

> 너희가 나를 사랑하면 나의 계명을 지키리라 내가 아버지께 구하겠으니 그가 또 다른 보혜사를 너희에게 주사
> 요 14:15-16

나의 계명을 지키는 자라야 나를 사랑하는 자니 나를 사
랑하는 자는 내 아버지께 사랑을 받을 것이요 요 14:21

너희가 내 안에 거하고 내 말이 너희 안에 거하면 무엇이
든지 원하는 대로 구하라 그리하면 이루리라 요 15:7

너희도 내 계명을 지키면 내 사랑 안에 거하리라 요 15:10

너희는 내가 명하는 대로 행하면 곧 나의 친구라 요 15:14

이 말씀을 연구하고 비교하면서 이것들이 마음속에 들어와 다음과 같은 확신으로 자리잡을 때까지 연구를 계속해 보라.

'그리스도의 계명을 지키는 일은 모든 참된 영적인 축복을 얻는 데 필수적인 조건이다.'

성령 하나님이 오셔서 진실로 우리와 함께 거하시고 아버지의 사랑을 즐거워하며, 그리스도께서 우리 안에 나타나시고 아버지와 아들이 마음속에 거하시며, 그리스도의 사랑하에 거하고 그의 우정을 즐거워하기 위해서는 계명을 지키는 것이 유일한 조건이다.

날마다 믿음 안에서 이런 복을 누리는 권세를 위해서는 어린아이 같은 심정으로 하나님의 말씀을 지키며 행하는 일이 필수적이다. 성경 공부에서 열매를 풍성하게

거두기 위해 하나님의 말씀을 하나하나 조용히 묵상하는 가운데 우리 안에서 신령한 빛과 능력 있는 힘이 역사하신다는 사실을 믿고 기다리지 않으면 안 된다. 그래야 하나님께서 우리가 말씀에 온전히 복종할 마음의 준비가 되어 있다는 것을 아실 수 있는 것이다.

하나님 아버지의 마음을 이해하며 하나님이 우리 안에 들어오실 수 있는 유일한 길은 우리가 하나님의 뜻을 기뻐하며 그것을 행하는 것이다. 약속하신 축복에 이르는 방법은 오직 하나님의 계명을 지키는 것밖에 없다.

요한은 이 모든 것을 강한 어조로 증언하고 있다.

> 우리가 그의 계명을 지키면 이로써 우리가 그를 아는 줄로 알 것이요 그를 아노라 하고 그의 계명을 지키지 아니하는 자는 거짓말하는 자요 진리가 그 속에 있지 아니하되 누구든지 그의 말씀을 지키는 자는 하나님의 사랑이 참으로 그 속에서 온전하게 되었나니 이로써 우리가 그의 안에 있는 줄을 아노라 요일 2:3-5

하나님에 대한 참되고 살아있고 구원하는 지식의 유일한 증거와 우리의 경건이 스스로 속이는 것이 아니며 하나님의 사랑이 상상이 아니라 소유라는 유일한 증거는 하나님의 말씀을 지키는 것이다.

> 사랑하는 자들아 만일 우리 마음이 우리를 책망할 것이 없으면 하나님 앞에서 담대함을 얻고 무엇이든지 구하는 바를 그에게서 받나니 이는 우리가 그의 계명을 지키고 그 앞에서 기뻐하시는 것을 행함이라…그의 계명을 지키는 자는 주 안에 거하고 주는 그의 안에 거하시나니 우리에게 주신 성령으로 말미암아 그가 우리 안에 거하시는 줄을 우리가 아느니라 요일 3:21-22, 24

계명을 지키는 것이 하나님을 향한 확신과 그분과의 참되고 친밀한 교제의 비밀이다.

> 하나님을 사랑하는 것은 이것이니 우리가 그의 계명들을 지키는 것이라 그의 계명들은 무거운 것이 아니로다 무릇 하나님께로부터 난 자마다 세상을 이기느니라 세상을 이기는 승리는 이것이니 우리의 믿음이니라 요일 5:3-4

하나님에게 받은 생명의 능력을 힘입어 하나님의 계명을 지키지 않으면서 하나님을 사랑한다고 고백하는 것은 아무 소용이 없는 일이다.

그리스도와 성경이 이러한 진리를 얼마나 중요하게 가르치고 있는지 알게 될 때에야 우리의 생활 속에서 그 가치를 부여할 줄 알게 된다. 이것이 참된 성경 공부의 열쇠 가운데 하나이다. 성경을 읽을 때 하나님과 그리스도의 모든 계명을 찾아 순종하겠다고 결심한 사람은 하나님의 말씀이 약속하신 은혜로운 축복을 받기에 합당한 사람이다.

이런 사람은 특히 두 가지 사실을 깨달을 수 있다.

첫째, 모든 하나님의 뜻으로 인도하시는 성령의 가르침을 받기 위해서는 기다릴 필요가 있다.

둘째, 매일의 의무가 올바르거나 즐거운 일이기 때문이 아니라 하나님의 뜻이기 때문에 행하는 자의 진정한 축복이다.

하나님은 날마다 우리가 생활의 모든 면을 주시하고 계신다. 하나님 말씀은 우리의 발걸음 하나하나를 인도하는 빛이며 인도자가 될 것이다. 우리 인생은 말씀의 능력으로 성결케 된다는 사실을 증명하도록 가르침을 받는 학교가 될 수 있다. 그의 계명을 지키는 것이 모든 신령한 축복의 열쇠다.

그러나 이 모든 일이 노력과 실천 없이 저절로 되는 것이 아니다. 그리스도가 명하신 계명 몇 가지라도 완전히 순종하겠다고 결심해 보라.

'실패하지 않을까?'

'능력이 없는데 가능할까?'

이와 같은 생각 때문에 절망하지 않도록 하라!

오히려 순종에 성공하여 만족한 기분이 될 것을 생각하라!

하나님의 뜻을 행하려고 노력하고 그에게 더욱 크게 소망을 두며, 내 안에 있는 그의 영이 나의 의지와 실천을 돕고 역사하시는 것을 의심하지 말라!

어떤 모양이라도 믿음은 실천되어야 의미가 있는 것이다. 그리스도께서 우리에게 계명을 주신 것은 우리의 복종과 순종을 원하기 때문이지, 그저 보기에 좋으라고 주신 것이 아니다. 성경 지식을 쌓아두기만 하면 우리 눈은 더욱 어두워지며 더욱 혼미해질 뿐이다. 결국, 성경을 열심히 공부했다는 작은 희열만 남게 되고, 이런 희열은 또한 그의 성령의 가르침과 거리가 먼 것이 될 뿐이다.

이런 일을 반복하는 것에 실증을 내서도 안 된다. 이는 우리에게 너무나 절실히 요구되는 일이다. 하루를 시작하면서 이날 온전히 그리스도의 계명을 지킬 것인가 하는 문제를 결정하는 장소로 아무도 간섭하지 않는 골방이 좋다. 앞으로 성장하여 우리의 인격을 완전히 포기하고 하나님의 뜻을 알고 그대로 행하도록 결심할 때에도 이런 골방이 좋다.

12. 생명과 지식

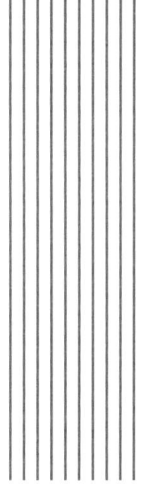

> 여호와 하나님이 그 땅에서 보기에 아름답고 먹기에 좋은 나무가 나게 하시니 동산 가운데에는 생명 나무와 선악을 알게 하는 나무도 있더라 창 2:9

무언가를 아는 데는 두 가지 방법이 있다.

첫째, 마음속에 개념이나 관념을 가짐으로써 아는 것이다. 이것은 무언가에 대해 아는 것이다.

둘째, 삶 가운데 아는 것이다. 이것은 내적인 경험으로 아는 것이다.

현명한 시각 장애인은 옆에서 읽어주는 책으로 빛이 어떤 것인지 과학적으로 배울 수 있다. 그러나 빛이 무엇인지에 대해 한 번도 제대로 생각해 본 적이 없는 어린아이나 무식쟁이도 시각 장애인 학자보다 빛을 훨씬 더 잘 안다. 시각 장애인은 생각으로만 알지만 어린아이나 무식쟁이는 직접 보고 체험해서 실제로 그 정체를 알기 때문이다.

믿음도 이와 같다. 마음먹기에 따라서는 성경을 가지고 하나님에 대해 명상하거나 구원의 교리를 모두 이해할 수도 있지만, 내면의 삶은 하나님의 구원의 능력을 제대로 알지 못할 수도 있다. 이것이 우리가 성경에서 다음과 같이 읽는 이유이다.

> 사랑하지 아니하는 자는 하나님을 알지 못하나니 이는 하나님은 사랑이심이라 요일 4:8

하나님이나 사랑에 대해서 아는 것이 많고 그에 대해 아름다운 언어로 말할 수 있다. 그러나 그 사람의 삶에 사랑이 나타나지 않으면, 하나님을 알고 있다고 할 수 없는 것이다.

하나님의 말씀은 생명의 말씀이다. 이 생명은 머리로 알 수 있는 것이 아니다. 머릿속의 지식이 보잘것없어도 생명은 강할 수 있다. 지식은 가장 열심히 추구할 큰 기쁨의 대상이 될 수 있지만 그것으로 생명을 얻는 것은 아니다.

자연 세계를 예로 들어 설명해 볼 수 있다. 사과나무에 볼 수 있는 눈과 일할 수 있는 손을 만들어 주어 우리처럼 생각도 할 수 있게 만들었다고 하자. 그러면 사과나무는 사람이 하는 것처럼 비료도 모으고 자기 몸에

물도 뿌릴 수 있을 것이다. 그러나 이렇게 지성이 주어졌다고 해도 그 사과나무가 본래 가졌던 내면의 생명이 달라지는 것은 아니다.

사람의 내면 세계에 있는 신령한 생명도 마찬가지다. 이 생명은 그것을 알 수 있는 지성과 전혀 다른 성질을 가지고 있다. 지성은 마음속에 하나님의 말씀을 넣어 성령이 그 말씀에 활기를 불어넣게 하는 데 중요한 역할을 한다. 즉, 지성은 일종의 통로다.

그러나 지성은 참 생명을 주거나 활력을 넣어 주는 것에는 무력한 존재다. 겨우 음식물을 날라다 주는 하인일 뿐이다. 음식물을 먹고 영양분을 섭취하면서 자라나는 것은 우리 마음이다.

하나님은 에덴동산의 두 나무를 통해 이 진리를 보여 주신다. 만약 아담이 생명나무 열매를 먹었다면, 하나님께서 아담의 경험으로 통해 가지신 살아있는 능력 가운데 가지신 모든 선한 것을 받고 깨달았을 것이다. 그리고 악에서 완전히 벗어난 가운데 악을 깨닫게 되었을 것이다.

그러나 하와는 지식에 대한 욕망을 참지 못하여 미혹되었다.

> 여자가 그 나무를 본즉 먹음직도 하고 보암직도 하고 지혜롭게 할 만큼 탐스럽기도 한 나무인지라 창 3:6

그리하여 인간은 선한 것을 아는 지식은 얻었으나 선을 얻지는 못하였고, 그 선을 아는 것도 그와 반대되는 악을 통해서였다. 그 이후 인간은 언제나 생명보다는 지식에서 자신의 종교를 모색해 왔다.

그러나 진정한 지식을 얻는 것은 하나님이 주신 생명과 체험과 하나님께 사로잡힌 우리의 마음 상태로만 가능하다. 지성으로 얻는 지식만으로는 생명을 깨울 수 없다.

> 내가 예언하는 능력이 있어 모든 비밀과 모든 지식을 알고 또 산을 옮길 만한 모든 믿음이 있을지라도 사랑이 없으면 내가 아무 것도 아니요 고전 13:2

우리는 매일 성경을 읽으면서 이런 위험과 만난다. 또 바로 그 시간에 이 위험을 직면하고 정복하지 않으면 안 된다. 확실히 우리에게는 하나님의 말씀을 듣고 인간적인 의미로 이해할 수 있는 지성도 필요하다.

그러나 진리를 깨닫는 것만으로는 결코 유익하지 않다는 것도 알 필요가 있다. 오직 성령만이 듣고 깨달은 지식을 우리 마음 안에서 생명과 진리가 되게 한다.

그러므로 생명이 우리 안에 들어와 이 같은 역사를 이룰 수 있도록 마음을 가다듬고, 말없이 복종하며 믿음으로 순종해야 한다. 이것이 우리에게 습관이 될 때, 우리의 지성과 우리의 완전히 조화롭게 움직이는 기술을 배울 수 있을 것이다. 우리의 지성이 움직일 때마다 항상 마음도 따라 성령의 가르침을 온전히 청종하며 순종할 수 있게 되는 것이다.

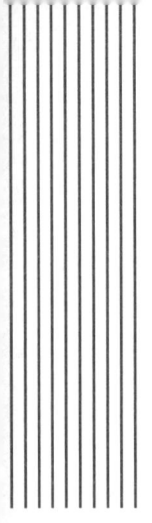

13. 마음과 명철

> 너는 마음을 다하여 여호와를 신뢰하고 네 명철을 의지하지 말라 잠 3:5

잠언의 주된 목적은 우리에게 지식과 분별을 가르치며 지혜와 명철의 길로 인도하는 데 있다. 의를 이해하는 것, 여호와를 두려워하는 것을 깨닫는 것, 명철의 길을 찾는 것은 잠언이 우리를 인도하는 곳이다.

그러나 잠언은 또한 이것을 추구할 때 우리 자신의 명철과 지혜를 의뢰하는 것과 하나님이 주시는 영적인 명철과 지혜로운 마음을 구하는 것을 구별해야 한다고 경고한다.

> 너는 마음을 다하여 여호와를 신뢰하고 네 명철을 의지하지 말라 잠 3:5

지식과 지혜를 구하는 모든 것에서, 우리의 삶을 계획하거나 말씀을 공부하는 모든 것에서 우리는 명철과 마음이라는 두 가지를 가진다.

첫째, 명철 혹은 지성은 우리가 만드는 본성과 개념으로 외부로부터 사물을 아는 것이다.

둘째, 마음은 의지와 감정에 받아들임으로써 그것을 경험적으로 아는 것이다.

내가 깊이 확신하는 점이 있다. 그것은 성경을 공부하거나 가르치는 일과 성경에 관한 지식이 그 양에 비해 열매가 작은 주된 이유가 스스로의 명철에 의지하기 때문이라는 사실이다. 이 사실은 교회가 성결, 사랑, 능력을 가지지 못하는 데에도 똑같이 적용할 수 있다.

많은 사람이 이에 대해 못마땅하다고 말할 수 있는 것은 우리에게 지성을 주신 분도 바로 하나님이고 하나님의 말씀을 깨닫는 데 지성 말고 다른 방편이 전혀 없다고 생각하기 때문이다. 이 말이 틀린 것은 아니다. 하지만, 이 문제에는 또 다른 측면이 있다.

타락했을 때부터 인간의 모든 본성은 무질서해졌다. 인간의 의지는 예속되었고, 감정은 왜곡되었으며, 지혜는 어두워졌다. 대부분의 사람들이 앞의 두 가지에 대하여는 인간의 타락으로 인하여 붕괴된 사실을 인정하고 있으나, 마지막 지혜에 대한 것은 부인하고 있다.

믿는 자들도 성결한 의지에서 나오는 능력이 없어서

날마다 예수 그리스도의 은혜로 새로움을 입어야 한다는 것은 인정한다. 성령의 도움을 받지 않고서 하나님과 이웃을 사랑할 수 있는 거룩한 감정을 가지지 못한다는 것은 인정하고 있다.

그러나 그들의 지성도 마찬가지로 영적으로 부패되어 신령한 진리를 깨우칠 만한 능력을 가지지 못한다는 사실을 미처 알아차리지 못한다.

하와가 타락한 것도 하나님이 하지 말라고 금하신 방법으로 지식을 얻으려 했던 까닭이 아니었는가?

우리가 가장 조심해야 할 위험은 아직도 하나님의 말씀이 가르치는 진리를 혼자서 스스로 깨우칠 수 있다고 생각하는 데 있다. 우리는 하나님의 진리를 깨닫는 데 우리의 지혜가 얼마나 무능한지를 깊이 인식하고, 자기 확신과 자기기만이 몰고 오는 위험이 얼마나 무서운가를 직시할 필요가 있다. 그래서 이 말씀이 우리에게 얼마나 필요한가를 알아야 한다.

> 너는 마음을 다하여 여호와를 신뢰하고 네 명철을 의지하지 말라 잠 3:5

사람이 믿는 것은 마음으로 하는 것이다. 하나님을 구하고 하나님을 섬기며 하나님을 사랑하는 일도 모두 우리 마음에 달려 있다. 우리가 신령과 진정으로 하나님을 알고 예배하는 것도 모두 마음을 통해서다.

그러므로 하나님의 말씀이 역사하시는 곳이 우리의 마음속이다. 하나님이 그의 아들의 성령을 보내신 곳도 마음이다. 성령이 모든 진리 가운데 인도하시는 것도 마음, 즉 바람, 사랑, 의지, 복종의 내적 생명이다. 우리가 성경을 공부할 때 이 사실을 잘 적용하지 않으면 안 될 것이다.

> 너는 마음을 다하여 여호와를 신뢰하고 네 명철을 의지하지 말라 잠 3:5

우리 자신의 명철을 의지하거나 믿어서는 안 된다. 그것이 우리에게 줄 수 있는 것은 실체가 없는 하나님에 관한 생각과 관념뿐이다. 그것은 결국 우리를 속여 우리가 머릿속으로 진리로 받아들이면 그 진리가 자동으로 우리 마음 안으로 들어갈 것이라고 속일 것이다.

이런 관념이 우리의 눈을 가리면 끔찍한 경험을 하게 되는데 그것은 보편적이다. 즉, 우리가 매일 하나님의 말씀을 읽고 매주 하나님의 말씀을 즐겨 듣기는 하지만, 그것으로 결코 겸손해지거나 성결해지지 않으며 천상의 마음을 얻지 못하게 되는 것이다.

그러면 어떻게 그것을 극복할 수 있겠는가?

우리의 명철을 의지하지 말고 마음으로 성경을 읽어야 한다. 명철을 의뢰하지 말고 마음을 다하여 여호와를 의지하라. 명철이 아니라 온 마음으로 살아계신 하나님을 스승으로 모셔 들이라. 골방에 들어갈 때 무엇보다 마음이 중요하다. 그러면 하나님이 우리에게 지혜가 넘치는 마음, 곧 신령한 지혜를 주실 것이다.

나 스스로도 많이 겪었던 것처럼 여러분도 이런 의문이 들지 모른다.

> 그러면 나 보고 어떻게 하라는 말이죠?
> 나는 어떻게 성경을 공부해야 할까요?
> 나는 명철을 사용하지 않고 성경을 공부하는 다른 방법을 알지 못해요.

어떻게 보면 이 말이 옳다. 그러나 그것을 회피의 수단으로 사용하지 마라. 두 가지 사실을 기억하라!

첫째, 우리 자신에게서 나오는 지혜는 신령한 일에 대한 관념이나 생각을 줄 수 있을 뿐이다. 이 지혜가 주는 것을 받아들이되, 곧바로 마음을 통해 주님에게 가서 그의 말씀이 우리 안에 들어와 생명과 진리의 말씀이 될 수 있도록 그에게 요청하라.

둘째, 우리의 지성에서 오는 자만과 지혜에 의지할 위험이 항상 가까이 있다. 어떻게 해도 언제나 이 같은 함정을 빈틈없이 피해갈 수는 없다. 아무리 마음을 굳게 먹어도 마찬가지다.

이를 피하는 비결은 성령의 가르침에 우리의 마음을 온전히 의지하겠다는 결심을 꺾지 않는 것에 있다. 성령의 역사하심으로만 하나님의 말씀을 우리 마음속에 살아있게 할 수 있으며, 우리의 태도와 감정을 복종시키고 또 우리의 할 일을 지도할 수 있게 된다.

> 온유한 자를 정의로 지도하심이여 온유한 자에게 그의 도를 가르치시리로다 시 25:9

> 여호와를 경외함이 곧 지혜의 근본이라 시 111:10

우리 지혜가 하나님 말씀에서 나오는 어떤 생각을 지배하게 될 때마다 즉시 의지와 신뢰로 하나님 앞에 엎드리라. 하나님께서는 그것을 진실하게 하실 수 있으며 또 그렇게 하시리라는 것을 온 마음을 다해 믿으라. 그에 대해 성령이 우리 마음과 우리 생명 안에서 역사하실 것을 구하라.

이렇게 함으로써 하나님의 말씀이 우리 생활에 힘이 될 수 있다. 이렇게 하기를 계속하면 성령이 우리 마음과 우리 생명 안에 거하심으로 우리의 명철을 통제하시고 하나님의 거룩한 광채가 비치기 시작할 것이다.

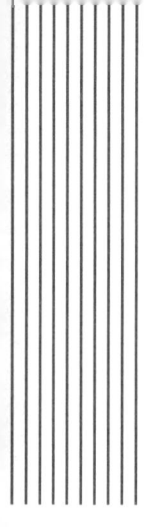

14. 하나님의 생각과 우리의 생각

> 이는 하늘이 땅보다 높음 같이 내 길은 너희의 길보다 높으며 내 생각은 너희의 생각보다 높음이니라 사 55:9

세상에서도 지혜로운 사람의 말이 그것을 듣는 사람이 이해한 것과 종종 다른 의미를 가질 수 있다. 하물며 하나님의 말씀이 우리가 즉시 이해하는 것보다 무한히 높은 뜻을 의미한다는 것은 얼마나 당연한 일인가!

이 이야기를 하는 이유가 무엇이겠는가?

성경 말씀을 공부할 때 우리의 생각과 지식에 만족하는 실수를 범하지 말라는 말이며, 또 하나님께서 뜻하신 대로 말씀에 들어 있는 충만한 복을 기다리며 기대하라는 것이다.

그것은 새롭고 긴급한 가르침을 주시고 또한 우리가 생각하거나 상상해 본 적이 없는 귀한 것들을 보여달라고 성령께 간구하는 새로운 자극제가 될 수 있을 것이다. 그래서 우리의 어떤 생각도 미치지 못하는 충만함을 이 세상에서 기대할 수 있을 것이다.

결국 하나님 말씀에는 두 가지 의미가 있다.

첫째, 하나님께서 생각하시는 의미이다.

이것은 사실상 인간의 말을 하나님의 지혜와 능력과 사랑의 모든 영광을 담는 그릇으로 만든다.

둘째, 우리의 연약하며 편파적이며 왜곡된 이해이다.

하나님이 주신 은혜와 경험으로 말미암아 하나님의 사랑, 하나님의 은혜, 하나님의 능력 같은 말을 하거나 이런 진리와 관련된 많은 약속들 중에 하나를 한 후에라도, 하나님의 말씀에는 아직도 우리가 알지 못하는 무한한 충만이 있다는 것이 우리에게 명백하다.

누가 그 짧은 팔을 뻗어 하늘의 해나 별을 잡으려고 꿈꿀 수가 있겠는가?

세상에서 제일 높은 산에 올라가도 아무 소용이 없다. 이것을 보면 하나님의 생각이 우리의 생각과 차원이 전혀 다르다는 어찌 보면 지극히 단순한 진리를 쉽게 알 수 있다. 하나님의 말씀이 우리가 이해할 수 있을 정도로 정확하게 하나님의 생각을 나타내고 있다고 해도, 하늘이 땅 위에 존재하듯 그것에 나타난 하나님의 생각이 우리 생각보다 높은 차원에 있다는 사실은 변함이 없다.

한 알의 씨와 같은 하나님 말씀에는 하나님의 모든

무한하심과 세상에 관한 영원한 진리가 들어 있다. 크게 자라난 떡갈나무가 조그만 씨앗에 비하여 엄청나게 커 보이는 것처럼, 하나님의 말씀의 씨앗에서 하나님의 놀라운 은혜와 능력의 역사가 자라나게 된다.

하나님의 말씀을 믿는 가운데 두 가지 교훈을 얻을 수 있는데, 하나는 무지에 대한 것이고 다른 하나는 기대에 대한 것이다.

하나님의 말씀을 대할 때 우리는 어린아이 같은 심정이 되어야 한다.

> 때에 예수께서 대답하여 이르시되 천지의 주재이신 아버지여 이것을 지혜롭고 슬기 있는 자들에게는 숨기시고 어린아이들에게는 나타내심을 감사하나이다 마 11:25; 눅 10:21

여기서 말하는 지혜로운 자는 반드시 위선자나 원수를 말하는 것은 아니다. 누구라도 어린아이 같은 심정을 가지기를 거부한다면, 그들에게는 신령한 진리가 숨겨질 것이요, 이런 사람들은 무의식적으로 이들의 신조가 성경에 근거하고 있다는 것과 성경 공부를 성실하게 하고 있다는 것을 의지하지만 결코 영적인 사람이 되지 못할 것이다.

> 사람의 일을 사람의 속에 있는 영 외에 누가 알리요 이와 같이 하나님의 일도 하나님의 영 외에는 아무도 알지 못하느니라 우리가 세상의 영을 받지 아니하고 오직 하나님으로부터 온 영을 받았으니 이는 우리로 하여금 하나님께서 우리에게 은혜로 주신 것들을 알게 하려 하심이라
>
> 고전 2:11, 12

성경을 공부할 때 특히 유의해야 할 것은 우리가 얼마나 무지하며, 하나님의 뜻을 깨닫는 데에도 우리의 능력이 얼마나 미약한가를 깨닫는 일이다.

하나님의 생각을 파악하는 능력이 부족하다는 것을 깨달을수록, 그 말씀이 우리 안에서 실현되기를 원하신다는 기대는 더욱 커지게 된다. 성령은 하나님의 일들을 나타내기 위해 이미 우리 안에 들어와 계신다. 진정 겸손하게 믿는 마음으로 기도할 때, 하나님은 성령의 조명을 통해 하나님의 비밀을 깨닫게 해주실 것이다.

하나님의 비밀이 무엇이겠는가?

그것은 우리가 그리스도와 일체가 되어 그분의 모습을 닮아간다는 놀라운 사실과 그분이 우리 안에 거하시며 옛날에 이 세상에 계셨던 것처럼 우리도 이 세상에 살고 있다는 사실이 될 것이다. 또 하나님은 우리의 기도를 훨씬 더 충만하게 들어주실 것이다.

우리의 마음이 그것에 목말라하며 그것을 기다린다

면, 그의 영과 특별한 교제를 통하여 우리의 모든 바람이 충족되며, 그리스도가 우리 마음을 붙드심으로 오랫동안 믿어왔던 일이 우리에게 실제로 이루어지는 때가 꼭 올 것이다.

15. 묵상

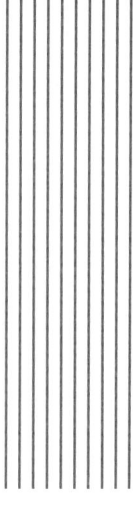

복 있는 사람은 악인들의 꾀를 따르지 아니하며 죄인들의 길에 서지 아니하며 오만한 자들의 자리에 앉지 아니하고 오직 여호와의 율법을 즐거워하여 그의 율법을 주야로 묵상하는도다 시 1:1-2

나의 반석이시요 나의 구속자이신 여호와여 내 입의 말과 마음의 묵상이 주님 앞에 열납되기를 원하나이다 시 19:14

배우거나 공부하거나 독서하는 진정한 목적은 어떤 것을 단순히 받아들이기만 하는 것이 아니라, 그것을 소화하여 내 것으로 만들고자 함에 있다. 수집된 정보가 우리 내면의 능력을 일깨워 도로 방향을 바꾸어 능동적으로 활용될 수 있어야 한다는 말이다.

이 사실은 다른 공부와 성경 공부에서도 마찬가지이

다. 하나님 말씀은 그 속에 포함되어 있는 진리가 우리에게 들어와 우리의 내면적인 생명을 일깨워서, 그것이 결단이나, 신뢰, 사랑, 예배 등의 모습으로 다시 반사되어 나갈 때만 진정한 축복의 은총을 나타낼 수 있게 된다.

이렇게 되면, 하나님의 말씀은 생산적인 말씀이 되어 하나님께서 의도하신 바를 이루게 되고, 그것이 우리 생활 중 하나로 흡수되어 우리를 더욱 강하게 하고 새로운 목표를 향해 전진할 수 있는 밑거름으로 작용한다.

묵상은 이런 일이 일어나게 하는 매개체가 된다. 사람이 생각하는 가운데 명철을 통해 어떤 사실의 의미와 영향을 붙잡는 것처럼, 묵상하는 중에 우리의 마음은 그 생각을 흡수하여 그것이 우리 생활의 일부가 되게 한다.

여기서 우리가 마음이 의지와 감정을 의미한다는 것을 계속해서 상기할 필요가 있다. 마음의 묵상이라 할 때에 거기에는 욕구, 수용, 복종, 사랑 등의 개념이 내포된다.

생명의 문제는 마음과 다르다. 마음이 진실로 믿는 바를 묵상을 통해 사랑과 기쁨으로 받아들여 우리 생활을 다스리게 할 수 있다. 지성을 통해 먹을 양식을 모아 준비하고, 묵상을 통해 그 음식이 우리 마음에 들어와 우리의 것이 되게 하는 것이다.

묵상의 기술은 개발될 필요가 있다. 사람이 분명하고 정확하게 생각하기 위해 그의 정신력을 집중하는 훈련을 할 필요가 있는 것처럼, 그리스도인은 거룩한 습관이 자리를 잡아 온 마음을 하나님의 모든 말씀에 드리게 되기까지 주의깊게 생각하고 묵상할 필요가 있다.

이런 묵상의 능력은 어떻게 개발될 수 있는가?

첫째, 우리 자신을 하나님 앞에 드리는 것이다.

즉, 그의 임재를 알고 있어야 한다는 말이다. 하나님을 떠나서는 말씀에 축복의 능력이 없다. 우리를 그의 임재와 교제 가운데로 인도하기 위해 말씀을 주신 것이다. 그의 임재를 연습하라. 그가 마음속에서 반드시 역사하실 것이라는 확신 가운데 그 자신으로부터 말씀을 취하라.

'묵상'(작은 소리로 읊조리다)이라는 말이 시편 119편에 일곱 번이나 나온다. 모두 하나님께 드리는 기도 안에 들이 있는데, 그중에 몇개를 보도록 하자.

내가 주의 법도들을 작은 소리로 읊조리며 시 119:15

주의 종은 주의 율례들을 작은 소리로 읊조렸나이다 119:23

> 내가 주의 법을 어찌 그리 사랑하는지요 내가 그것을 종일 작은 소리로 읊조리나이다 119:97

묵상이란 하나님의 말씀을 받아 하나님께로 돌아오는 마음이요, 그 말씀을 우리의 감정과 의지, 우리의 생활 자체 안에 완전히 녹이는 마음이다. 마치 어떤 사람이 정신력을 집중하는 훈련으로 명석하고 정확하게 생각할 수 있게 되듯이, 그리스도인은 묵상을 발전시킬 필요가 있다.

둘째, 참된 묵상을 위한 또 하나의 요소는 조용한 안식이다.

우리가 성경을 읽을 때, 논증을 파악하기 위해서나 난해절을 완전히 익히기 위해서 우리의 지성은 종종 그 최대한의 노력을 해야 할 필요가 있다. 그러나 묵상에 요구되는 영혼의 습관은 다른 것이다.

진정한 묵상은 조용하고 편안하게 하는 것이다. 그것은 진리가 우리 안에 심어져 우리와 혼연일체가 되도록 하는 과정이며, 고군분투가 아니라 평화로운 과정을 거치게 된다. 진리를 마음속에 심거나 간직하고 그것을 조용히 싹트게 하는 것이다.

주님의 모친이 한 일을 보라!

> 마리아는 이 모든 말을 마음에 새기어 생각하니라 눅 2:19

이 태도에서 그리스도가 누구인지 알기 시작한 사람이 그리스도를 더 잘 알고자 취하는 가장 확실한 길을 발견할 수 있다. 그것은 바로 묵상이다.

묵상의 태도는 개인마다 다르게 나타난다. 언제나 머리로 성경을 공부하는 것과는 다르다. 왜냐하면, 머리로 하는 성경 공부의 목적은 깨닫고 이해하는 데 있기 때문이다.

이와 대조적으로 묵상의 주된 목적은 자기 것으로 만드는 일, 직접 체험하는 일 등이다. 모든 약속의 말씀을 믿으며, 모든 계명에 주저하지 않고 복종하며, 하나님의 모든 뜻 안에서 온전하고 완전히 서겠다는 준비야말로 성경 공부에서 유일하게 참된 마음 자세라 할 수 있다.

그리고 묵상은 기도로 연결되지 않으면 안 된다. 묵상은 기도의 밑거름이 된다. 이를 통해 말씀 안에 들어 있는 모든 것을 얻고자 하나님께 요청하게 되는 것이다

묵상의 진가는 우리로 하여금 하나님의 말씀이 무엇을 드러내고 있는가를 깨닫도록 기도하게 하는 데 있다. 그것은 믿음의 안식, 즉 온유하고 끈기 있게 그것을 드러내기를 바라는 가운데 말씀이 그 능력을 열어 증명할 것을 확신 가운데 바라는 것을 뜻한다.

지적인 노력에서 잠시 안식하는 것과 거룩한 묵상의

습관을 기르는 것의 보상은, 충분한 시간이 지나면 그 두 가지가 조화되고, 우리의 모든 공부가 하나님을 조용히 기다리는 마음으로 활성화되며, 마음과 생명을 하나님께 드리게 되는 것이다.

하나님과 교제하는 일은 하루 종일 지속되어야 한다. 만일 아침 경건의 시간을 가지고 묵상을 통해 하나님의 임재하심을 확실히 느낄 수 있다면, 시편 1편 기자가 체험한 경지에 좀 더 가까이 다가가는 일이 될 것이다.

> 복 있는 사람은…오직 여호와의 율법을 즐거워하여 그의 율법을 주야로 묵상하는도다 시 1:1-2

하나님의 백성을 위해 일하거나 그를 인도하는 사람은 다른 사람을 교육하거나 힘과 축복의 유일한 원천이 되는 하나님과의 영적인 교제가 끊어지지 않도록 훨씬 광범위하게 묵상을 할 필요가 있다.

하나님께서 말씀하신 것을 보라!

> 내가…너와 함께 있을 것임이니라 내가 너를 떠나지 아니하며 버리지 아니하리니…오직 강하고 극히 담대하여 나의 종 모세가 네게 명령한 그 율법을 다 지켜 행하고…그리하면 어디로 가든지 형통하리니 이 율법책을 네 입

에서 떠나지 말게 하며 주야로 그것을 묵상하여…그리하면 네 길이 평탄하게 될 것이며 네가 형통하리라 수 1:5-8

나의 반석이시요 나의 구속자이신 여호와여 내 입의 말과 마음의 묵상이 주님 앞에 열납되기를 원하나이다 시 19:14

우리의 묵상이 주 앞에 열납된다는 사실을 최고의 목표로 삼으라!

그것을 우리가 하나님께 바치는 영적인 희생의 하나로 삼으라!

어떤 것보다도 먼저 우리의 묵상이 진정한 예배가 될 수 있도록 하라!

하나님께서 임재하시는 가운데에 있는 그의 말씀에 우리의 마음을 진정으로 복종할 수 있도록 기도와 간구를 드리라!

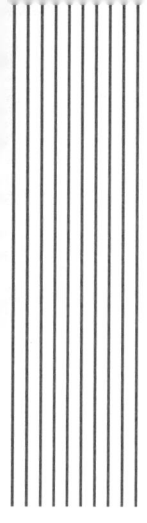

16. 어린아이에게 나타내심

그 때에 예수께서 대답하여 이르시되 천지의 주재이신 아버지여 이것을 지혜롭고 슬기 있는 자들에게는 숨기시고 어린아이들에게는 나타내심을 감사하나이다 ^{마 11:25; 눅 10:21}

지혜롭고 신중한 사람은 신적인 지식을 추구하는 데 있어서 생각과 이성의 능력을 확신하는 사람이다. 어린아이는 자기 생각 ^{mind} 을 의지하지 않고 마음 ^{heart} 과 성향에 의지한다. 무지, 무기력, 의존, 온순, 학습 가능, 신뢰, 사랑 같은 성품은 하나님께서 가르치고자 하시는 사람에게서 찾아볼 수 있는 태도이다.

> 온유한 자를 정의로 지도하심이여 온유한 자에게 그의 도를 가르치시리로다…여호와를 경외하는 자 누구냐 그가 택할 길을 그에게 가르치시리로다…내 마음의 근심

이 많사오니 나를 고난에서 끌어내소서…내 영혼을 지
켜 나를 구원하소서 내가 주께 피하오니 수치를 당하지
않게 하소서 시 25:9, 12, 17, 20

우리의 경건 생활에서 가장 중요한 것 중에 하나는 하나
님의 말씀을 공부하는 일이다. 하나님께서 그의 진리를
우리에게 나타내 주실 것을 기다리는 태도로 그의 말씀
을 대하는 것이 매우 중요하다.

 어린아이 같은 태도를 가지는 것은 빼놓을 수 없이
중요하다. 하나님은 이런 사람에게 사랑의 비밀을 나눠
주시기를 즐겨하신다.

 지혜롭고 슬기로운 자는 머리가 먼저 깨닫게 된다.
하나님께서는 이들이 이해했다고 생각하는 바로 그 일
이 품고 있는 영적인 의미를 그들에게서 감추신다. 그
러나 어린아이는 머리와 지식이 아니라 마음, 느낌, 겸
손, 사랑, 신뢰의 감정이 우선이다. 하나님은 이들에게
내적인 생활과 체험 가운데 그들이 깨닫지 못했다고 생
각하는 바로 그 일을 드러내신다.

 교육에는 가르치는 방법이 두 가지 있다.

 첫째, 보통의 교사는 지식의 전달을 주된 목표로 삼
고, 학생이 목표를 이룰 수 있도록 능력을 개발하도록
애쓴다.

 둘째, 참된 교사는 지식의 양을 이차적인 것으로 생

각한다. 그는 학생들의 생각과 정신의 능력을 개발하여, 지식을 추구하고 적용하는 데 있어서 그들의 능력을 바르게 사용할 수 있도록 정신적으로, 도덕적으로 그들을 돕는 것을 일차적 목표로 삼는다.

목회자도 두 가지 유형이 있다.

첫째, 어떤 사람은 지시하거나, 중요한 사항을 일러주거나, 호소하는 등 꾸준히 목회 활동을 하기는 하지만, 마음속으로 무언가를 얻고자 교회에 나오는 사람을 배려해 주지 않는다.

둘째, 효과적으로 목회하는 사람은 마음 상태라는 것이 중요하다는 것을 알고 예수님처럼 객관적인 진리나 교의를 가르치는 것보다 사람들에게 유익한 태도를 심어주는 일을 우선시한다.

지혜롭고 슬기로운 그리스도인이라면 여기저기서 훌륭하고 열성적인 설교를 들으면서 자기 이성의 힘으로 그것을 이해하고 거기서 유익한 교훈을 얻어낼 수 있다고 생각할 것이다.

그러나 어린아이의 심정으로 심령이 가난하다는 의미를 이해하여 항상 복종할 준비가 되어 있는 그리스도인이라면 단 한 번의 설교를 듣더라도 하나님 아버지의 가르침을 훨씬 많이 깨닫게 될 것이다.

아무도 볼 수 없는 골방에 있을 때는 인간적인 도움에 대해서는 스스로가 자신의 설교자요 교사이다. 이때는 틀림없이 어린아이처럼 단순한 마음과 가르침에 순종하려는 겸허한 마음으로 하나님께로 다가갈 수 있도록 스스로를 훈련해야 된다.

하나님의 진리가 세상에 드러나야 할 뿐만 아니라 그것이 성령을 통하여 각 개인에게 지속적으로 드러나야 할 필요가 있다는 것을 기억해야 한다.

그의 첫 번째 관심은 하나님이 자신에게 그리고 자신 안에서 은밀한 삶 가운데 은밀한 비밀을 능력 있게 나타내시기를 기다리는 일이다. 그는 이런 자세로 어린아이 같은 마음을 연습하고, 하나님 나라를 어린아이처럼 받아들이게 된다.

복음을 믿는 그리스도인이라면 누구나 거듭난다는 것을 의심하지 않는다. 그렇지만 사람이 하나님에게서 태어날 때 모든 가르침과 건강함에 있어 어린아이같이 하나님께 의지하는 것이 중심적인 특징이 된다는 사실을 믿는 사람은 별로 없다.

그러나 이것은 수님께서 무엇보다도 중요한 말씀으로 강조하셨던 사실이다. 심령이 가난한 사람, 마음이 온유하며 의에 주린 사람이 복이 있다고 하셨다.

> 나는 마음이 온유하고 겸손하니 나의 멍에를 메고 내게 배우라 마 11:29

그분은 우리에게 겸손하여 어린아이같이 되라고 가르치셨다. 왜냐하면, 하나님의 자녀가 되고 예수 그리스도와 같이 되는 가장 중요하고 첫째가는 징표가 모든 축복(특히 영적인 일에 관한 어떤 실제적인 지식)을 위해 절대적으로 하나님을 의지하는 데 있기 때문이다.

스스로 물어보라!

나는 성경을 공부할 때 어린아이 같은 자세를 가지는 것을 제일 중요한 일로 여겨왔는가?

그러한 태도를 갖지 않은 채 성경을 공부하는 것이 무슨 소용이 있겠는가?

어린아이 같은 마음 자세를 갖는 것만이 하나님 나라를 볼 수 있는 유일한 열쇠가 된다.

이와 같은 마음 자세를 가질 수 있도록 다른 일을 잠시 접어두는 편이 오히려 더 지혜로운 일이 아니겠는가?

우리 마음이 이와 같이 될 때에야 비로소 하나님께서 당신의 숨기신 지혜를 드러내 보이실 것이다.

하나님의 자녀가 되고 거듭나서 다시 어린아이가 되라!

이 어린아이 같은 심령을 잃어서는 안 된다. 그것은 우리가 성숙한 모습으로 자라날 때에도 필요하다. 하나님의 말씀이 주는 계시를 받아들이는 데 필요한 요소가 되기 때문이다.

일하는 사람이 먼저 갖추어야 할 것은 그 일에 적절한 연장을 준비하고 또 알맞은 작업 순서에 따르는 것이라고 할 수 있다. 일을 하다가도 잠시 멈추고 연장을 손질하는 것은 결코 시간을 낭비하는 결과가 되지는 않는다. 마찬가지로 우리가 성경 공부를 잠시 멈추고 어린아이 같은 마음 자세로 하나님의 말씀을 받아들일 준비가 되어 있는지 살펴보는 일은 결코 시간 낭비가 아니다.

만일 그와 같은 마음으로 성경 공부를 한다고 생각되지 않거든 즉시 그 사실을 자백하고 지혜롭고 슬기로운 자 의자기 확신의 태도를 버리도록 하라!

어린이와 같은 마음을 위해 기도할 뿐만 아니라, 그것을 위해 믿으라. 그것을 무시하고 억누를지라도 그 마음은 이미 당신 안에 있다. 하나님의 자녀로서 당신은 즉시 이 일을 체험하게 될 수 있다.

성찰이나 논증으로 어린아이 같은 심령을 구하지 말라!

그것은 우리 내부에서 바깥으로 발산되는 것이다. 그것은 성령으로 거듭난 새 생명 가운데 우리 안에 이미 씨앗으로 있다. 그것은 내주하는 성령으로 거듭는 우리 안에서 성장하고 자라야 할 것이다. 이와 같은 믿음으로 기도해야 할 뿐만 아니라, 이 성령의 은혜를 특별히 기도하고 실천해야 한다.

하나님 앞에서 어린아이로 살라!

새로 태어난 어린아이로 말씀의 젖을 사모하라!

이런 태도로 우리의 정신 세계뿐만 아니라 마음의 상태를 흔들리지 않게 하되, 성경을 공부할 때만이 아니라 종일토록 그와 같은 마음이 되게 해야 할 것이다. 이렇게 할 때 비로소 끊임없이 성령의 인도를 받아 충만한 은혜의 경험을 누릴 수 있게 될 것이다.

17. 그리스도를 배움

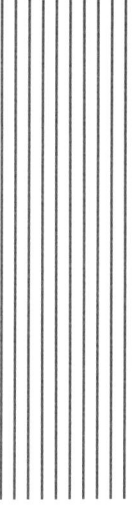

나는 마음이 온유하고 겸손하니 나의 멍에를 메고 내게 배우라 그리하면 너희 마음이 쉼을 얻으리니 마 11:29

모든 성경 공부는 배우는 것이다. 모든 성경 공부에서 결실을 보려고 한다면 반드시 그리스도를 배워야 한다. 성경이 교과서이고, 그리스도는 선생님이시다. 지혜의 문을 열고 마음을 열어 인봉하신 것을 떼시는 이는 그리스도시다.

이에 그들의 마음을 열어 성경을 깨닫게 하시고 눅 24:45

두아디라 시에 있는 자색 옷감 장사로서 하나님을 섬기는 루디아라 하는 한 여자가 말을 듣고 있을 때 주께서 그 마음을 열어 바울의 말을 따르게 하신지라 행 16:14

> 그들이 새 노래를 불러 이르되 두루마리를 가지시고 그 인봉을 떼기에 합당하시도다 일찍이 죽임을 당하사 각 족속과 방언과 백성과 나라 가운데에서 사람들을 피로 사서 하나님께 드리시고 계 5:9

그리스도는 살아계셔서 영원한 말씀이 되신다. 그것을 글로 쓴 것은 우리 인간이 읽어볼 수 있도록 한 것에 지나지 않는다. 그리스도께서 임재하셔서 가르치시는 것이 모든 참된 성경 공부의 비결이다. 글로 쓰인 말씀이 우리를 살아계신 말씀의 임재 속으로 인도하지 못한다면 소용이 없는 것이다.

우리 주님이 구약 말씀을 존중하지 않았다고 할 사람은 아무도 없다. 주님은 구약의 말씀을 하나님의 입에서 나온 것으로 사랑하셨음을 자신의 삶으로 보이셨다. 그분은 유대인에게 구약의 말씀을 가리켜 하나님의 계시와 하나님에 대한 증거라고 하셨다.

한편, 제자들에게 있어서 그리스도께서 자신의 가르침을 가장 필요하고 복종해야 할 것으로 얼마나 자주 말씀하셨는지 놀랄 만하다. 그분과의 연합이 효력을 발휘하고, 성령의 첫 호흡을 받아(요 20:22) 성경을 열어 보이신 것을 발견한 때는 예수님이 부활하신 이후이다.

유대인들은 하나님의 말씀을 해석히는 자기 나름의 방법이 있었는데, 이것이 그들과 예수 사이를 가로막은 가장 큰 장애물이 되었다. 이런 현상이 그리스도인에게도 자주 일어나고 있다. 성경을 이해하는 것은, 그것이 아무리 교회의 권위나 학계의 뒷받침을 받아 해석이 잘 된 것이라 하더라도, 그리스도의 가르침에 가장 큰 방해 요소가 되는 것이다.

살아계신 말씀이신 그리스도께서는 자기 외에 우리를 가르치는 자가 없기를 바라셨다. 그리스도가 우리의 유일한 스승이 되기만 하면, 우리는 그리스도에게 배워서 성경을 존중하며 잘 깨닫게 될 수 있을 것이다.

> 나는 마음이 온유하고 겸손하니 나의 멍에를 메고 내게 배우라 마 11:29

여기서 우리 주님은 자신의 내적인 생활에 담겨 있는 가장 깊은 비밀을 우리에게 열어 보이신다. 그분은 하늘에서 우리에게 내려오신 것이다. 그래서 그분은 스승과 구세주가 되기에 합당하다. 또한, 그분은 우리에게 주기 원하시며 우리가 그분에게 배우기를 바라신다. 우리는 이 말씀에서 그 사실을 알 수 있다.

> 나는 마음이 온유하고 겸손하니 마 11:29

이 미덕이야말로 그분을 하나님의 어린 양이요, 우리의 고난받는 구속자이며, 하늘에서 내려온 선생이요, 인도자가 되시게 하는 것이다. 우리가 이 태도를 배우게 되면, 그분에게서 다른 모든 일이 형통하게 될 수 있다. 이것은 또한 성경 공부뿐만 아니라 그리스도인으로서 우리 생활 전체에 적용되는 하나의 조건이라 할 수도 있다.

그분은 마음이 온유하고 겸손한 우리의 선생님이시다. 그분은 우리가 그분의 인격과 그분의 모습을 닮을 수 있도록 가르치기 원하신다. 우리는 배우는 입장에 있는 사람으로 그분의 성품을 본받아 어떻게 하면 그분과 같이 될 수 있을지 탐구하지 않으면 안 된다.

이 일이 왜 그렇게 중요한 것이겠는가?

이러한 자세를 본받아 배우는 일이 바로 창조주와 피조물 사이의 진실한 관계를 이루는 근본이 되기 때문이다. 오직 하나님만이 생명이 되시며 선과 행복의 주인이 되신다. 그는 사랑의 하나님으로 모든 것을 주기 원하시며 모든 일이 우리 안에서 이루어지기를 바라신다. 그리스도는 하나님을 끊임없이 의지하고 섬기는 본을 보이기 위해 사람의 아들로 이 땅에 오신 것이다.

바로 여기서 그분의 마음이 겸손하다는 의미가 살아난다. 이런 심정으로 천사들이 그 얼굴을 가리고 하나님 앞에서 면류관을 벗어 던져 하나님을 영화롭게 하는 것이다. 하나님은 그들에게 모든 것이 되시므로 그들은 그에게 모든 것을 받으며 그에게 모든 것을 바치기를 즐거워한다.

참된 그리스도인의 생활의 근거는 하나님과 사람 앞에서 아무것도 아닌 자가 되는 것이다. 오직 하나님만 섬기고 온유하고 겸손하여 그리스도 안에서 즐거워하며 그분을 본받고 그분을 배우는 자가 되어야 한다는 것이다.

이것이 바로 그리스도의 학교의 유일한 열쇠이다. 이것이 성경을 참되게 이해하는 유일한 열쇠이다. 그리스도께서 가르치러 오시는 것도 이러한 마음 자세를 가진 자에게 오시는 것이고, 그리스도를 배울 수 있는 것도 이러한 태도를 가져야 가능하다.

교회가 그리스도의 생활과 하나님의 말씀이 주는 교훈에 두는 비중에 비하면, 겸손의 가르침에 대한 관심은 실로 보잘것없는 것이 현실이다.

확신하건대 바로 이것이 교회가 타락하고, 교회의 사업에 열매가 없는 대표적인 원인이다. 우리의 마음이 온유하며 겸손하게 될 때만, 하나님께서 우리를 위해 준비하신 것과 우리 안에서 역사하실 일에 대해 그리스도가 우리에게 가르칠 수 있게 된다.

각자가 마음이 온유하고 겸손해야 한다는 사실을 제자됨의 제일 조건으로 삼아 스스로 마음을 새롭게 다짐

하면서 출발하라!

주님께서 우리에게 가르치신 교훈 중에 첫째가 바로 이것임을 금방 알 수 있을 것이다. 성경 공부도 이와 같은 마음 자세로 해야 한다. 얼마 안 되어 아침 경건의 시간이 우리가 하나님과 날마다 교제하며 하나님에게 복을 받는 일에 없어서는 안 될 현장이 될 것이다.

나는 온유하고 겸손한 마음 자세가 성경 공부에서 가장 중요한 조건임을 설득하는 것이 매우 어렵다는 것을 안다. 하나님과 신령한 교제를 나누는 데 있어서 마음 자세와 성품이 무엇보다도 중요함을 깨닫게 하는 것은 쉽지 않다.

온유하며 겸손한 마음이 곧 씨앗이 되고 뿌리가 되며, 만일 이런 마음을 가지지 않으면 성경 공부도 별로 유익하지 못할 것이라고 하면, 언뜻 이해하기가 어려울지도 모른다. 또 믿는 사람에게 우리가 이런 마음 자세를 가질 수 있게 하는 온유하고 겸손한 마음도 그리스도께서 우리에게 주신 선물이라는 사실을 인식시키는 일은 더욱 어렵다.

그러나 그리스도께서 우리를 가르치셔서 그분 안에서 이 진리를 직접 발견하여 받아들일 수 있게 해주신다. 이 가르침의 교훈이 아무리 받아들이기 어려운 것이라 해도 성경을 공부하는 모든 사람에게 촉구하지 않을 수 없는 것은 아무도 보지 않는 골방에서 제기된 바로 그 첫 의문 때문이다. 그 첫 의문을 내 안에 깊이 생각하고 기도하면서 나에게 물어보라는 것이다.

'나의 마음이 나를 가르치시는 선생님이 원하는 그런 상태인가?'

만약 그렇지 않다면 제일 먼저 할 일은 나 자신을 온전히 그에게 바쳐서 나의 마음이 그와 같은 상태에 있도록 해야 할 것이다.

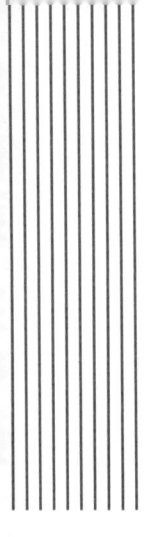

18. 가르침을 받는 자세

나는 마음이 온유하고 겸손하니 나의 멍에를 메고 내게
배우라 그리하면 너희 마음이 쉼을 얻으리니 마 11:29

학생의 첫째 미덕은 가르침을 받으려는 자세 docility 와
배우고자 하는 의지이다.

이 말이 내포하는 의미가 무엇이겠는가?

그것은 곧 어느 일에나 우리가 알지 못하는 부분이
있으며 우리의 생각이나 행동을 모두 포기하고, 오직
가르치는 사람의 관점에서 사물을 관찰하고자 하는 마
음의 준비를 갖추어야 한다는 뜻이다. 우리는 선생님이
배우는 방법을 알고 있어서 그것을 우리에게 가르쳐 주
실 것이라고 확신다.

온유하고 겸손한 심령을 가진 사람은 선생님의 뜻이
무엇인가 깨닫기 위해 온 정성을 다하여 귀를 기울이
며, 그래서 얼마 지나지 않아 그대로 행하게 된다. 학생이 이런 태도를 가지고 있는데 만약 잘 배우지 못한다면 이것은 가르치는 사람의 잘못임에 틀림없다.

우리 선생님이 되시는 그리스도와 함께하는데도 영적인 지식을 얻는 일에 실패하며 실제로 거의 어떤 성장도 이루지 못하는 경우가 많이 일어나는 것은 무엇 때문인가?

성경 말씀을 그렇게 많이 듣고 읽으며, 그 말씀을 우리 생활의 유일한 기준으로 삼노라고 하는 고백을 그렇게도 많이 하는데도 그런 심령과 능력을 겉으로 표현해 내는 일에는 왜 그리도 무기력한가?

개인적인 헌신과 성경 공부에 실질적으로 투자한 시간은 참으로 많은데 하나님의 말씀에서 약속하신 기쁨과 강건함의 증거는 어찌 그리 보잘것없이 나타나는가?

이것은 매우 중요한 문제다!

예수님의 수많은 제자들이 그분의 뜻을 깨달아 그에 따라 행동하기를 진심으로 원한다고 생각하지만, 그들 스스로의 고백이나 주변 사람의 증거에 따르면 그들은 생명의 말씀을 세상의 빛으로 내놓지 못하고 있는 데는 이유가 있다. 만약 우리가 그 답을 찾아낸다면 참으로 많은 변화가 있게 될 것이다.

위의 성경 본문을 보면 그 답을 찾을 수 있다!

그리스도를 구세주로 여기는 사람은 많지만 그를 선생님으로 생각하는 사람은 많지 않는다는 것이다. 사람들은 양떼를 위하여 자기 생명을 줄 정도로 선한 목자이신 그리스도를 신뢰하고 믿는다.

그러나 그분이 날마다 먹이시는 것뿐만 아니라 그분이 이름을 부르실 때 그분 목소리를 청종하여 오직 그분만을 따르는 것이 무엇인지 그 실체에 대해서는 거의 모르고 있다. 어린 양을 따르는 것이 무엇인지, 또 무엇보다 그분에게서 어린 양의 성품을 받아들이는 것이 무슨 의미인지, 그분을 본받아 온유하고 겸손하게 되는 것이 어떤 의미를 가지는지 거의 아는 바가 없다.

그리스도의 제자들은 그리스도를 따라 3년 동안이나 배우고 난 뒤에야 비로소 성령으로 세례를 받고 그분이 약속하신 모든 놀라운 은혜를 충만하게 받을 수 있었다.

우리 마음이 진실로 안식을 얻기 위해서는 우리 주 예수님의 인격적인 가르침 아래서, 날마다 그 가르침을 기다리고 받으며 따르려는 겸손하고 온유한 마음의 자세가 있어야 한다.

이러한 마음으로 우리 자신을 온전히 주님께 일치시켜야 한다. 긴장과 실패와 절망으로 인한 모든 피로와 무거운 짐은 이런 마음을 가져 모든 것이 주님의 보호 아래 있다는 사실을 깨닫는 데서 오는 신령한 하늘의 평화에 녹아 없어지게 된다.

우리가 날마다 영위하는 모든 생활의 기저(基底)가

되는 태도는 그리스도의 멍에를 메고 그분의 성품을 배우는 것이어야 한다. 그렇게 해야 주님의 가르침을 받을 수 있게 되고 또 우리 명철을 믿고 그에 따라 행동하는 것을 거부할 수 있게 될 것이다. 이러한 마음 자세는 우리가 아침마다 가지는 경건의 시간을 통해 길러진다.

여기서 먼저 애써야 할 것은 자신의 모든 힘을 의지하겠다는 태도에서 벗어나는 자세를 배우는 것이다. 이 시간에 하나님과 그리스도와 성령의 말씀에 사로잡히게 될 때 우리가 유일하게 득을 보는 것은 바로 이 자세를 통해 그리스도께서 우리에게 개인적인 가르침을 베풀어 주신다는 사실을 깨달아야 할 것이다.

만일 예수께서 은밀한 골방으로 오셔서 우리를 맡아 주지 않으신다면 어떻게 그분의 가르침을 들을 수 있겠는가?

거듭 말하건대 가르침을 받을 자세를 갖는 것이 무엇보다 중요하다. 성령께서 우리에게 모든 것을 가르치신다는 것이 사실이라면 우리의 모든 생활 태도가 그 가르침을 받을 만한 정도가 되어 있어야 한다. 우리가 하나님의 말씀을 나날이 대하는 것이 헛되지 않고 예수께서 원하시는 모양대로 아름답게 결실할 수 있으려면 이런 자세를 가지는 수밖에 없다.

아무것도 배우지 못한 것이 경우에 따라 가장 잘 배우게 되는 밑거름이 된다. 그릇된 인상과 편견이 배움의 길에 암초가 되는 수가 많기 때문이다. 이런 사람은 그런 잘못된 지식이 머릿속을 떠나기까지 어떤 선생님도 헛고생만 하게 된다. 수박 겉핥기식으로만 지식을 맛볼 수밖에 없고 그에 따라 생각하기 때문에 다른 사고방식은 배제되는 것이다.

이럴 때 가르치는 자는 우선 그 사람에게 자신이 지니고 있는 장애 요소가 무엇인지 깨달아서 그것을 버리도록 인도하지 않으면 안 된다. 만약 배우고 싶지 않다고 생각한다면 그 사람은 그리스도를 올바로 배울 수 없다.

하나님의 진리를 깨닫는 데 장애가 되는 요소는 이제까지 보고 들은 전통, 교육, 종교에 대한 가치관과 성경을 보는 시각 등에서 발견할 수 있다. 그리스도를 배운다는 것은 우리가 진실로 스스로 옳다고 여겨왔던 모든 진리를 주님 앞에 내놓고 비판과 교정을 받고자 하는 마음을 가지는 것을 의미한다. 겸손의 미덕은 그리스도인의 생활에 근본이 되는 덕목이다.

자기를 낮추는 자는 높아지리라 눅 18:14

이 말씀은 하나님 나라에서 불변의 진리로 굳어진 명제이다. 수준 높은 영적 생활을 갖지 못하여 실망하게 되는 것은 이런 겸손의 미덕을 갖추지 못했기 때문이다.

"하나님께서 자기를 낮추는 자에게 은혜를 주신다"는 말의 의미는 생각보다 훨씬 더 넓고 깊은 오묘함을 품고 있다. 가르침을 받을 준비를 하는 일도 곧 겸손의 한 모습이 될 수 있다.

아침 일찍 경건의 시간을 통해 그리스도께서 운영하시는 학교에 나가 나의 우둔함을 깨우치고 그분의 진리를 배우도록 하라!

배우는 입장에 있는 사람으로서 우리는 다른 무리와 분명히 구별되는 특징을 나타내되 겸손함과 가르침을 받을 태세를 갖춘 마음 자세에서 믿지 않는 사람들보다 더욱 뛰어나야 할 것이다.

그리고 이런 자세가 얼마 안가 흐트러질 것 같은 생각이 들면 주님께서 가르치신 말씀을 기억하도록 하라!

> 나는 마음이 온유하고 겸손하니 나의 멍에를 메고 내게 배우라 그리하면 너희 마음이 쉼을 얻으리니 마 11:29

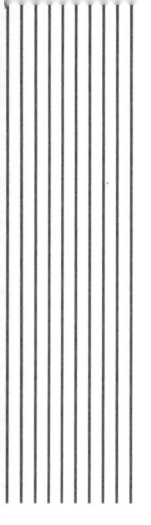

19. 생명과 빛

태초에 말씀이 계시니라…이 말씀은 곧 하나님이시니라…그 안에 생명이 있었으니 이 생명은 사람들의 빛이라 요 1:1, 4

나를 따르는 자는 어둠에 다니지 아니하고 생명의 빛을 얻으리라 요 8:12

그리스도는 하나님이셨기에 하나님의 말씀이 될 수 있었다. 즉, 그분은 하나님의 생명을 가지고 있었기 때문에 그 생명을 드러내는 일을 할 수 있었던 것이다. 그러므로 그분은 살아있는 말씀이 되며 생명을 주는 말씀이 되신다.

인간의 지혜가 아무리 뛰어나더라도 글로 쓰인 말씀만으로는 아무것도 얻어낼 수 없다. 그것은 오직 그 안에 살아있는 말씀이 숨겨진 씨앗으로 받아들여질 때만 성령으로 소생되어 우리에게 생명의 말씀이 될 수 있는 것이다. 우리가 하나님의 기록된 말씀과 교제할 때는 항상 하나님이신 영원한 말씀에 대한 믿음으로 고무되고 규제되어야 한다.

"생명은 빛이다"라는 표현에서 동일한 진리를 찾아볼 수 있다. 빛이 비치는 것을 보면 훨훨 타는 불이 있다는 것을 알 수 있다. 영적인 세계도 이러한 자연 세계의 질서와 같다.

빛이 있기 위해서는 먼저 생명이 존재해야 한다. 생명이 없더라도 빛을 반사하거나 어디서 빌려올 수는 있을 것이다. 그러나 역시 진정한 생명이 있어야 진정한 빛이 있게 된다. 그리스도를 따르는 자는 생명의 빛을 받도록 약속되어 있다.

두 단어, 즉 '빛과 생명'은 참으로 적지 않은 진리를 나타내고 있다. 이 비유를 생각하면 하나님의 영에 관해 배우고 깨달은 것을 다시 돌아볼 수 있다.

하나님의 영은 하나님의 일을 안다. 왜냐하면, 그것은 하나님의 생명이기 때문이다. 마찬가지로 그리스도는 말씀이라 할 수 있다. 그분이 하나님이고, 하나님의 생명을 지니고 있기 때문이다. 그러므로 하나님의 빛은 오직 하나님의 생명이 있는 곳에서만 비친다.

이런 생각을 성경 공부에도 적용해 볼 수 있다. 하나님의 말씀이 우리 안에서 생명과 진리가 되고 우리로 하여금 그것에서 나오는 축복을 받을 수 있게 해주는 역사는 오직 성령의 도우심을 통해서만 가능하다.

그래서 하나님의 말씀을 대할 때 하나님의 영이 도우신다는 커다란 교훈이 새삼스럽게 우리 눈앞에 떠오르게 되는 것이다. 하나님의 말씀이 하나님의 생명에서 나와 우리의 생명으로 받아들여질 때에만 그 말씀을 진심으로 깨달을 수 있을 것이다.

그 말씀이 좋은 땅, 곧 우리의 가난한 심령에 뿌려지는 씨앗이 될 경우 그것이 자라나 말씀의 모습을 닮은 좋은 결실을 맺게 되는 이치는 마치 나무의 씨앗이 그러한 것과 같다. 거기서 하나님의 생명이 우리 안에 다시 샘솟게 된다. 그리하여 우리에게는 아버지와 아들과 성령의 형상과 성품이 싹을 틔워 성장하게 될 것이다.

이 원리를 성경 공부에 직접 응용해 보도록 하라!

어떻게 시작할 것인지 알고 싶은 사람도 있을 것이다. 그 방법은 지극히 간단하다.

첫째, "너희는 가만히 있어 내가 하나님 됨을 알지어다"(시 46:10)라는 말씀이다. 조용한 시간을 내어 하나님의 임재하심을 느껴보라.

주 여호와 앞에서 잠잠할지어다 습 1:7; 슥 2:13

여호와께서는 그의 성전에 계시고 시 11:4

하나님을 경배하고 그분이 말씀하실 때까지 기다리라.

둘째, 말씀은 생명, 즉 그의 생명을 우리에게 나눠주시며 하나님의 마음에서 나온다는 사실을 잊지 말아야 한다. 오직 하나님의 능력만이 그 생명이 우리 안에 살아 숨쉴 수 있게 한다.

셋째, 살아계신 말씀이신 그리스도를 믿어야 한다. 그분은 스스로 말씀하신 것처럼 생명과 빛이 되시며, 그것을 우리에게 주신다고 약속하셨다. 사랑과 간절한 바람으로, 또 순종과 봉사로 예수님을 따르라. 그러면 그분의 생명이 우리 안에서 역사하게 될 것이며 그분의 생명이 우리 마음에 빛이 될 것이다.

넷째, 그런 다음에 아버지께 성령을 보내주시기를 요청하라. 성령은 유일하게 하나님의 일을 알고 있으며 말씀이 우리 심령에 들어와 생동하며 활동하도록 해주신다. 우리는 매일 음식을 먹는 것처럼 하나님의 뜻에 굶주림을 느껴야 하며, 우리 안에서 그의 영이 살아 샘솟는 일에 목말라 해야 한다. 말씀이 우리의 의지와 우리의 생명과 우리의 기쁨 속으로 들어올 수 있도록 해야 한다.

이와 같은 진리는 이 책의 끝에서도 강조하고 있는데, 그 이유는 매우 간단하다. 나의 경험에 비추어 볼 때, 하나님의 말씀을 우리의 사고뿐만 아니라 생명 속으로 흡수하지 않으면 안 된다는 사실을 명쾌하게 깨닫는 데 참으로 많은 시일이 소요되었다고 할 수 있다. 또한, 그 말씀을 잘 이해한 후에도 그것을 완전히 믿고 따르는 데에도 마찬가지로 긴 시간이 필요했다.

우리가 온전히 소화할 수 있을 때까지 이 교훈의 말씀을 새기는 것이 좋지 않겠는가?

이 방법을 배우는 데 생각보다 많은 시간이 걸리므로 우리는 결코 실망하거나 조급하게 생각하면 안 된다. 우리가 똑바로 배우기만 하면 이제껏 가져보지 못한 귀한 열쇠를 얻는 셈이 되므로 하나님께 깊이 감사하게 될 것이라는 사실을 확신해야 한다. 그리하여 말씀에 숨겨진 보배를 찾아내고 숨겨진 부분에 담겨 있는 진정한 지혜를 발견하게 될 것이다.

그래서 다시 한번 결코 닳아 없어지지 않을 축복과 진실을 담고 있는 이 간단한 명제를 되풀이하고 싶다. 하나님 안에 있는 성령만이 하나님의 일을 알고 있는 것처럼, 하나님의 영이 내 안에 거해야, 하나님의 일을 나의 생명에 주심으로 그것을 깨닫게 하실 수 있다.

그리스도께서 하나님이시기에 하나님의 말씀이시고 하나님의 생명을 가졌던 것처럼, 기록된 말씀은 살아계신 말씀이 하나님의 생명을 우리에게 가져오실 때 그것을 통해 우리를 축복하실 수 있다. 생명이 그리스도 안에 있고, 그 생명이 사람들의 빛이기 때문에, 내가 그 말씀을 통해 그리스도의 생명을 가질 때에야 하나님의 지식의 빛을 가지는 되는 것이다.

20. 성경을 공부하는 학생

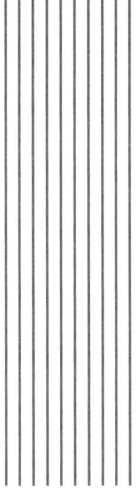

> 복 있는 사람은…오직 여호와의 율법을 즐거워하여 그의 율법을 주야로 묵상하는도다 시 1:1-2

성경을 더 많이 더 진실하게 공부하자고 외치는 소리가 사방에서 들려온다. 무디(D. L. Moody) 같은 복음 전도자는 하나님의 말씀의 능력 안에서 믿음으로 영감을 받아 그 말씀에서 나오는 교훈을 직접 전파하는 데서 얼마나 큰 힘을 얻을 수 있는지 꾸준히 증언해 왔다. 열심 있는 신자들은 이렇게 묻기도 한다.

"우리 목회자들은 왜 같은 말만 되풀이하고 하나님의 말씀을 더 많이 전해주지 못하지?"

이 일을 수행할 좋은 사람들을 찾는 일이 매우 단순하게 보일지도 모른다. 그럼에도 신학 교육을 받은 사람이 하나님의 말씀에 대한 단순함과 명쾌함을 갖는 것은 어려워 보인다. 이것이야말로 젊은 세대에게 성경이 지식과 교훈의 유일한 근원이 되게 만드는 방법을 보여주기 위해 필요한 것이다.

다행히 요즈음 학생들의 움직임을 보면, 성경 공부 활동이 점차 중요한 위치를 차지하는 것을 볼 수 있는데, 이것은 당연히 그렇게 되어야 하는 현상이라고 할 수 있다.

하나님의 말씀이 하나님 당신을 위한 사업에서 본래의 자리를 찾아야 한다는 것은 당연한 이치다. 성경을 더 많이 공부하라는 명령의 원리를 살펴보고 그것을 위해 무엇을 어떻게 할 수 있는지 연구해야 한다.

1. 하나님의 말씀은 하나님의 뜻을 순전히 나타내는 데 유일한 자료가 된다

하늘의 진리를 설명하는 사람의 모든 말은, 아무리 옳은 것만 표현하더라도 흠이 있으며 어느 정도의 인간적 권위도 담기게 마련이다. 하나님의 말씀에서는 하나님의 음성이 우리 귀에 직접 말씀하신다. 하나님의 모든 자녀는 그 말씀을 통하여 아버지와 직접 영적인 교제를 나눌 수 있다.

하나님께서는 그 말씀에 하나님의 모든 정성과 은혜를 표현해 놓으셨다. 따라서 그의 자녀가 그것을 하나님께 받기만 하면, 그 말씀 안에 담겨 있는 생명과 능력을 자기의 심령과 생명 속으로 흡수할 수 있다.

메시지나 사건에 대해 간접적으로 알리는 것을 완전히 믿는 일이 얼마나 힘든가는 우리가 잘 아는 사실이다. 들은 것을 정확하게 옮길 수 있는 사람은 정말로 거의 없다. 믿는 자는 모두 하나님과 직접 영적인 교제를 나눌 수 있는 권리와 특혜를 부여받는 셈이다. 하나님께서는 말씀 속에 당신의 모습을 드러내시며 또 모든 믿는 자에게 그러하실 것이다.

2. 하나님의 말씀은 살아있는 말씀이다

하나님의 말씀 안에는 소생케 하는 신령한 능력이 들어있다. 사람이 어떤 표현으로 그 진리를 말한다 해도 그것은 그 진리를 다 이야기한 것이 아니라 개념과 형상만 말하는 것에 불과한 때가 많다. 그러한 표현이 우리의 생각 속에 들어오기는 하겠지만, 아무런 효과도 없이 사라진다.

그것이 힘을 얻는 것은 우리가 하나님께서 친히 하신 말씀이라는 것을 믿을 때에만 가능하다. 어떤 사물이나 이치가 알려지거나 표현되기 위해서는 어떤 형태를 갖추어야 한다. 하나님의 생각을 옷 입히기 위해 택한 말씀은 하나님의 호흡으로 나온 것이며, 하나님의 생명이 그 안에 거하는 것이다.

하나님은 죽은 자의 하나님이 아니라 산 자의 하나님이시다. 하나님의 말씀은 처음 주어졌을 때 영감되었을 뿐만 아니라, 지금도 하나님의 성령이 그 말씀 안에 살아 숨쉰다.

하나님은 그의 말씀 안에 그리고 그의 말씀과 함께 여전히 계신다. 믿는 자나 가르치는 자나 모두 이것을 믿을 필요가 있다. 그들은 순전한 하나님의 말씀에서 어떤 인간적 가르침이 줄 수 없는 확신을 가지게 될 것이다.

3. 하나님 자신만이 하나님의 말씀을 해석할 수 있으며, 하나님 자신의 말씀에 대한 해석자가 될 것이다

신적인 진리는 신적인 스승을 필요로 한다. 영적인 일을 영적으로 깨닫는 것은 바로 성령을 통해서만 가능하다. 하나님의 말씀이 모든 인간의 생각과는 다르다는 사실을 깊이 믿고 있다면, 초자연적이며 직접적인 하나님의 가르침이 없으면 안 되겠다는 필요를 절실히 느끼게 될 것이다. 더욱이 말씀의 위대한 목적인 축복이 올 것이다.

우리의 영혼은 하나님 자신을 구하게 될 것이고, 나아가 우리 마음속에 거하시는 성령 안에서 하나님을 찾게 될 것이다. 하나님이 그 속에서 일하시는 성령이 매우 놀랍게도 우리 자신의 생명에 들어오셔서 우리의 생명과 하나가 되셨다. 그분은 우리의 섬김과 신뢰를 받으시며 우리의 마음과 성향 가운데서 비밀한 지혜를 가르치신다.

기도하면서 읽고 마음으로 사랑하는 말씀은 이 믿음 안에서 성령을 통해 우리 안에서 빛과 생명이 될 것이다.

4. 말씀은 우리를 더할 수 없이 가깝고 친밀한 하나님과의 교제, 즉 뜻과 생활의 일치로 이끌 것이다

하나님은 말씀으로 그의 온 마음과 모든 뜻을 나타내셨다. 또한, 그의 율법과 교훈에서 우리가 할 일을 알려주셨고, 십자가의 구속과 약속의 말씀으로 그가 우리를 위해 어떤 일을 하실 것인지도 알려주셨다.

그러므로 그 뜻을 받아들이고 우리를 통해 그 뜻이 나타나도록 헌신할 때, 우리는 역사하는 능력 속에 계시는 하나님을 바로 깨달을 수 있게 될 것이다. 이 사실이야말로 성경 공부의 최고 목표요, 또한 우리의 경험일 것이다.

이제 위 네 가지 생각을 실제적으로 적용해 보자.

성경 말씀 중에는 하나님께서 전에 말씀하신 것도 있고 오늘 우리에게 말씀하시는 것도 있다. 이 말씀들은 하나님의 생명으로 가득 차 있다. 하나님은 이 말씀 안에 계시고 그 말씀 안에서 자기를 찾는 자들에게 하나님의 임재와 능력을 알리신다.

우리 안에 거하시는 성령의 가르침을 구하며 기다리는 사람에게 성령은 말씀의 영적 의미와 능력을 확실히 나타내 줄 것이다. 그러므로 하나님의 말씀은 하나님께서 자기 모습을 우리에게 나타내시며 우리와 교제를 나눌 매일의 수단이 되는 셈이다.

우리는 이러한 진리를 적용할 수 있겠는가?

하나님의 말씀이 언제나 다음과 같이 우리에게 말씀하시는 것을 이해하고 있는가?

하나님을 찾으라!
하나님의 음성에 귀를 기울이라!
그리고 하나님을 기다리라!
하나님께서 당신에게 말씀하실 것이다.
하나님의 가르침을 받도록 하라!

성경을 더 가르치고 더 공부하는 모든 일이 이 한 가지로 귀결되지 않으면 안 된다. 우리는, 우리에게서 하나님의 말씀은 살아계신 하나님 자신과 결코 분리되지 않으며, 하늘에 계신 하나님께서 하루도 빠짐없이 종일토록 말씀하시는 그런 사람이 되어야 하고, 그런 사람들을 훈련해야 한다.

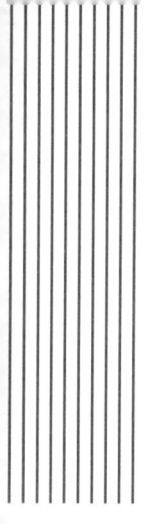

21. 그대는 누구인가?

> 위의 것을 생각하고 땅의 것을 생각하지 말라 이는 너희가 죽었고 너희 생명이 그리스도와 함께 하나님 안에 감추어졌음이라 골 3:2-3

그리스도인이 아침 시간에 하나님의 임재 안으로 들어가는 것은 하나님이 누구신지, 자신이 누구인지, 하나님과 자신의 관계가 어떤 것인지를 알고 있는지 여부에 따라 큰 차이가 있다.

하나님께 다가가 그 음성을 들어야 하겠다면, 우선 '그대는 누구인가?'라는 물음에 대답할 준비를 해야 할 것이다. 하나님 앞에서 그리스도 안에 있는 우리의 위치가 어디인지 알 필요가 있다는 것이다.

나는 누구인가?

먼저 나의 경우를 생각해 보자. '내가 어떤 존재인가?' 하는 것은 하나님께서 나를 만나주시며 종일 나와 함께하기를 원하신다는 사실을 토대로 간단히 표현해 볼 수 있다.

내가 그리스도 안에 거하며 내 생명은 하나님 안에서 그리스도와 함께 감추어져 있다는 것을, 나는 하나님의 말씀과 그 영을 통해 알고 있다. 나는 그리스도 안에서 죄와 세상에 대하여 죽은 자였으나, 이제는 그에게서 벗어나 그 권세에서 풀려났다.

나는 그리스도와 더불어 함께 올려졌으며 그 안에서 하나님을 향한 삶을 살고 있다. 그러므로 하나님께 가서 오늘 나의 생활에 생명을 채우기 위해 그 안에 감추어진 모든 신령한 생명을 간구하여 그 생명을 얻는 것이다.

그렇다. 이것이 나의 참모습이다. 겸손하고 경건한 태도로 이것을 하나님께 아뢰며, 나 자신뿐만 아니라 다른 이에게도 용기를 주기 위해 이 사실을 이야기하는 것이다. 나는 그리스도가 나의 생명이라고 자랑하고 싶은 사람이다. 내 영혼은 언제나 그리스도를 사모하고, 내 마음속에 계신 하나님 아버지는 그것을 드러내신다.

나를 만족시킬 수 있는 것은 오직 그리스도밖에 없다. 내 생명은 그리스도와 더불어 감추어지고 그분이 나의 생명이 될 수 있는 유일한 길로 내 마음속에 들어와 함께 거하는 것이다. 이것만이 내가 만족할 수 있는 길이다.

그리스도는 나를 죄에서 구원하시는 구세주시다. 그리스도는 하나님의 사랑의 선물이요, 그 사랑을 가져오신 분이시다. 그리스도는 내 안에 거하는 친구요 주인이시다.

오, 나의 하나님!
만약 당신께서 "너는 누구냐?"라고 물으신다면, 내가 대답할 말은 이것뿐이오니 들으소서!
"나는 그리스도 안에 있는 자이며, 그리스도께서 내 안에 거하시나이다. 오직 당신만이 이 모든 의미를 깨닫게 해주실 수 있나이다."

내가 바라며 구하는 바는 이 땅 위에 그리스도의 생명을 나타내는 것이며, 하늘에 감추어진 그분의 영광을 날마다 얻으면서 갖는 태도와 책임을 일상의 언어로 표현하는 것이다. 그리스도께서 이 땅에 오셔서 하나님의 뜻만 이루셨으므로, 그의 뜻 안에서 흠없이 온전해지는 것은 나의 커다란 소망이다.

그러나 나는 그 뜻을 망각하고 이 세상 사람과 접촉하는 가운데 그 뜻을 영적으로 적용해 나가는 방법을 전혀 깨닫지 못하고 있다. 나아가 나의 능력 부족은 그 정도가 심한 형편에 있다.

그럼에도 불구하고 나는 감히 아무런 타협도 생각해

보지 않고 하나님께 다가가려는 마음을 가지고 있다. 지극히 솔직한 심정으로 매사에 하나님의 뜻에 온전히 합당한 삶을 살지 않으면 안 된다는 소명을 받아들이고 있다.

내가 하나님과 만나기 위해 골방을 찾는 것은 바로 이런 이유 때문이다. 나의 행동이 하나님의 뜻을 이루지 못한다는 것을 생각하면, 나를 기다리는 유혹과 위험이 많음을 인식할 때, 또 나의 모든 면에 부족한 형편을 생각할 때 '내가 가겠나이다' 하며 하나님께 아뢰지 않을 수 없는 것이다.

그렇다. 나는 그리스도를 위해 나의 삶을 바치려고 그리스도 안에 숨겨진 생명을 구하러 간다. 하나님께서 나와 함께 걸으시며 나에게 복을 주신다는 흔들리지 않는 신념이 마음에 가득 채워짐을 피부로 느끼게 된다.

하나님께 이 어마어마하며 놀라운 일을 간구하는 나는 과연 누구인가?

하나님 안에서 그리스도와 더불어 감추어진 생활을 누려 그것이 나의 썩어 없어질 육신을 통해 나타날 수 있음을 정말로 기대하고 있는가?

아마도 그럴 것이다. 하나님께서 내 안에 거하는 성령을 통해 나에게 그것을 이루어 드릴 수 있게 하시기 때문이다. 그리스도를 죽음에서 살리셔서 자기 우편에 앉히신 하나님께서 나를 건지사 내 마음에 그 아들의 영광과 같은 영을 주신 것이다. 하나님께서는 이제 내 안에서 역사하실 것이며 성령을 통해 그리스도 안에 사는 삶을 더 강건하게 해주실 것이다.

내가 아침에 하나님 앞에 나아가서 나를 위해 그 자신 안에 감추어 둔 생명(이곳에 하나님의 아들이 숨어 계시며 육체로 거하신다)을 다시 취하려 할 때, 나는 성령이 거하시는 자로서 확신과 고요함 가운데 기다릴 수 있다. 왜냐하면, 아버지께서 새로 기름부으시고 모든 것을 가르치시며 그가 나에게 주신 새 날을 친히 맡아주실 것이기 때문이다.

형제자매여!

아침에 하나님 앞에 나갈 때에 하나님의 임재하심 위에 굳건히 서서 그가 말씀하시는 것을 의심 없이 믿는 것이 얼마나 중요한지 확실히 깨달을 수 있을 것이다.

하나님께서 그리스도 위에서 우리에게 주신 모든 것을 받아들이라!

하나님께서 우리에게 어떤 일을 담당하게 하시는가 하는 것을 잘 생각해서 그에 따라야 한다. 그 일이 무엇인지 알기 위해 하나님 앞에서 무릎 꿇고 구하는 시간을 아끼지 말아야 한다. 전쟁터에서는 흔들리지 않는 마음가짐이 무엇보다 중요하다.

하나님께서 이르신 대로 행동하라!

한편, 이렇게 해보려고 시도하다가 때때로 평소의 성

경 공부와 기도의 리듬이 방해받는 수가 있다. 그러나 걱정할 필요가 없다. 그렇다고 해서 결코 손해를 보지는 않을 것이기 때문이다. 나중에 충분히 보상을 받을 것이다.

우리의 생활의 성패는 전적으로 우리 하나님이 누구신지 그리스도 안에서 구속된 우리가 누구인지, 이를 아는지 모르는지에 달려 있다. 매일의 삶도 여기에 좌우된다. 일단 이 비밀을 한번 깨닫기만 하면, 더 생각할 필요도 없다. 그렇게만 되면 하나님께 나아갈 때에서, 하나님과 함께 세상에 나갈 때에도 마음의 힘을 얻을 수 있을 것이다.

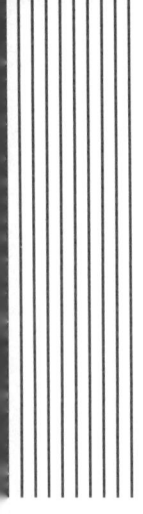

22. 하나님의 뜻

뜻이 하늘에서 이루어진 것 같이 땅에서도 이루어지이다

마 6:10

1. 하나님의 뜻은 이 세상을 존재하게 하는 살아있는 권세다

이 뜻을 통해 이 뜻에 따라 만물이 움직이며 만사가 이루어진다. 세상은 하나님의 뜻을 지혜와 능력과 선함으로 드러내 보이시고 구체화시킨 것이다. 세상의 아름다움과 영광도 오직 하나님께서 그 뜻 가운데 정하셨기 때문에 있는 것이다.

하나님의 뜻으로 말미암아 이 세상이 형성된 것처럼, 그 뜻은 날마다 세상을 붙든다. 온세상은 예정된 대로 행하며, 하나님의 영광을 드러낸다.

이십사 장로들이 보좌에 앉으신 이 앞에 엎드려 세세토록 살아 계시는 이에게 경배하고 자기의 관을 보좌 앞에 드리며 이르되 우리 주 하나님이여 영광과 존귀와 권능을 받으시는 것이 합당하오니 주께서 만물을 지으신지라 만물이 주의 뜻대로 있었고 또 지으심을 받았나이다 하더라 계4:10-11

2. 이 사실은 생명이 없는 자연이나 지적 능력을 갖춘 피조물에게 똑같이 적용된다

하나님의 뜻이 그 형상과 모양대로 의지를 가진 피조물, 곧 인간을 창조하셨다. 그리하여 인간에게는 그를 만드신 하나님의 뜻을 깨닫고 받아들이며 그 뜻을 이루게 하는 살아있는 능력이 주어졌다.

타락하지 않은 천사들의 최고의 명예와 행복도 하나님이 뜻하시고 행하시는 일을 꼭 그대로 행할 수 있다는 데 있다. 하늘의 영광은 하나님의 뜻이 그곳에서 이루어지는 것이다. 타락한 천사와 인간이 저지르는 죄악과 절망은 곧 하나님의 뜻을 보고 돌아서 버리며 그 뜻이 이루어지는 것을 거부하는 데 있다.

3. 구속은 다름 아닌 하나님의 뜻이 이 세상에서 제자리를 찾는 것이다

이 때문에 그리스도는 이 세상에 오셔서 인간의 삶을 통해 오직 하나, 곧 사람이 하나님의 뜻을 이루기 위해 어떻게 살아야 할 것인지를 보여주셨다. 그분은 우리가 자기 뜻(self-will)을 극복할 한 가지 방법을 보여주셨다. 그것은 자기 뜻에 대해 죽는 것, 즉 죽기까지 하나님의 뜻에 복종하는 것이다.

그래서 그분은 우리 자신의 뜻을 위해 속량하시고, 우리를 위해 그것을 정복하셨으며, 죽음과 부활을 통해 하나님의 뜻과 전적으로 연합하고 그 뜻에 헌신할 수 있는 길을 열어주셨다.

4. 하나님의 구속의 뜻으로 인해 이제는 타락한 인간도 본성적으로 하나님의 창조의 뜻을 따라 일해 왔던 타락하지 않은 존재와 더불어 행하시는 일을 할 수 있게 되었다

그리스도께서는 우리가 어떻게 하나님의 뜻에 헌신하며 그 뜻을 즐거워해야 하는가에 대한 본보기를 보여주셨다. 우리의 뜻은 그리스도와 그분의 영으로 인해 새로워지고 그분에게 사로잡히게 된다. 그리하여 우리의 뜻 안에서 그분의 뜻을 따르며 그것을 이루어 드리는 역사를 일으키시는 것이다. 그분은 우리 안에서 그 역사를 이루고 계신다.

> 모든 선한 일에 너희를 온전하게 하사 자기 뜻을 행하게 하시고 그 앞에 즐거운 것을 예수 그리스도로 말미암아 우리 가운데서 이루시기를 원하노라 히 13:21

성령으로 말미암아 이 말씀이 계시되고 믿어지고 마음으로 받아들여질 때 "뜻이 하늘에서 이루어진 것 같이 땅에서도 이루어지이다"라는 기도의 깊은 의미를 통찰할 수 있게 될 것이다. 바로 그 때문에 우리의 참된 욕구를 일깨워야 하는 것이다.

5. 믿는 사람은 반드시 하나님의 뜻과 그 뜻이 자기에게 명령하는 것에 어떤 자세를 취해야 하는지를 알고 있어야 한다

너무 많은 사람이 자기들의 믿음이나 감정의 흐름이 하나님의 뜻과 어떤 관계에 놓여야 하는지를 전혀 생각하지 않고 있다는 것이 현실이다.

내 생활의 근본적인 동기는 언제나 하나님의 뜻에 온전히 합당하게 되는 것입니다. 나는 하나님의 뜻 외에 어떤 일도 하고 싶지 않습니다. 오직 하나님의 은혜로 내 생활의 순간마다 하나님의 뜻 안에 살기를 원하며, 그래서 하나님의 뜻이 하늘에서 이루어진 것같이 여기서도 이루어지도록 일하고 싶습니다.

이렇게 고백하는 사람이 과연 얼마나 되겠는가?

6. 하나님의 뜻을 믿는 믿음이 우리 마음을 주장하게 될 때 주님이 가르쳐 주신 기도의 응답을 믿을 수 있는 용기를 가지게 될 것이다

우리가 명심해야 할 것은 이 모든 것이 그리스도와 밀접한 교제를 나누어야 가능하다는 점이다. 이때는 우리의 역할, 즉 땅 위에 있는 우리의 연약한 의지가 하나님의 뜻에 화답할 수 있다는 사실을 알게 될 것이다.

하나님의 뜻이 하늘에서 이루어진 것같이 우리 안에서도 우리에 의해 이루어질 수 있다는 것이 우리 마음이 바라는 것이고, 또 그렇게 되는 것이 운명이며 의무라고 생각될 때, 우리의 믿음은 비로소 세상을 이기게 되는 것이다.

7. 그 뜻은, 우리가 하늘의 아버지와 산 교제를 나누거나 그 아들의 임재하심 속에 거한다는 사실과 분리될 수 없다

성령의 도우심을 통해 하늘에서 내려오는 신령한 인도를 받지 않고는 하나님의 뜻이 일상 생활에 아름답게 적용되거나 점차 더 많이 드러나는 일은 없다. 이미 말했지만, 이런 것은 어린아이 같은 마음을 가진 사람이라야 주어지는 것을 기다리며 그에 의지하려고 하기 때문이다.

8. 우리가 하나님과 은밀하고 영적인 교제를 나누는 곳은 이런 훌륭한 교훈의 말씀을 되풀이하며 배우는 장소이다

우리가 예배하는 하나님은 당신의 뜻에 완전히 일치하라고 요구하신다. 우리의 예배라는 것은 곧, '오, 하나님! 당신의 뜻을 이루는 일을 즐거워하나이다'라고 고백하는 것과 같다.

우리가 하나님의 뜻을 깨달아 그의 모든 뜻을 이루는 데 즐거이 스스로를 바치게 되는 것은 골방에서 가지는 아침 경건의 시간을 통해서이다. 골방에서 기도와 묵상을 통해 하나님의 말씀을 공부하고 기도하면 충만한 축복 속에 많은 열매를 맺게 될 것이다.

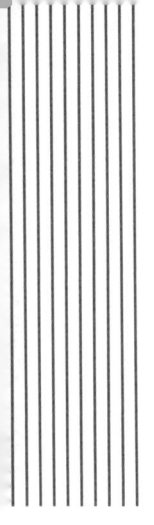

23. 말씀으로 먹는다

> 내가 주의 말씀을 얻어 먹었사오니 주의 말씀은 내게 기쁨과 내 마음의 즐거움이오나 렘 15:16

이 말씀에서 세 가지 행동을 찾아볼 수 있다.

첫째, 우선 하나님의 말씀을 얻는 것인데, 이것은 꾸준히 찾는 자에게만 주어지는 선물이다.

둘째, 다음은 하나님의 말씀을 먹는 것인데, 이것은 우리 스스로 필요에 따라 하나님의 말씀을 혼자서 잘 새기는 것이다.

> 예수께서 대답하여 이르시되 기록되었으되 사람이 떡으로만 살 것이 아니요 하나님의 입으로부터 나오는 모든 말씀으로 살 것이라 하였느니라 하시니 마 4:4

셋째, 마지막으로는 그것을 기뻐하는 것이다.

> 천국은 마치 밭에 감추인 보화와 같으니 사람이 이를 발견한 후 숨겨 두고 기뻐하며 돌아가서 자기의 소유를 다 팔아 그 밭을 사느니라 마 13:44

여기서도 발견하고 새기며 기뻐하는 것을 볼 수 있다.

> 내가 주의 말씀을 얻어 먹었사오니 주의 말씀은 내게 기쁨과 내 마음의 즐거움이오나 렘 15:16

이 말씀에서 중심이 되는 생각은 '먹는다'는 말이다. 먹기 위해서는 먼저 구하고 찾아야 한다. 구하고 찾는 중에 기쁨이 있고, 구하고 찾은 후에도 기쁨이 있다. 마음먹고 있던 것이 제대로 쓰이게 되고, 그에 따라 결과가 나온다고 할 수 있다. 은밀한 골방 안에서 하나님의 말씀을 먹는 것은 매우 중요하며 필요한 일이다.

발견하는 것과 먹는 것 사이에는 엄청난 차이가 있다. 이것은 마치 농부가 곳간에 쌓아둔 곡식과 식탁 위에 올려진 빵을 비교하는 것과 같다. 곡식을 파종하여 가꾸고 가을에 추수하는 일도 없어서는 안 될 일이지만, 육신이 필요로 하는 만큼 매일 일정한 분량의 빵을 먹지 않는다면 그 곡식이 아무런 쓸모가 없기 때문이다.

발견하는 단계에서는 방대한 양과 빠른 속도의 일이

필요하다. 그러나 먹는 일은 그와 반대로 조금씩 규칙적으로 천천히 맛을 음미해 가면서 먹는 것이 좋다.

이것은 아침 경건의 시간이 우리의 성경 공부에 어떻게 적용되는지 깨우쳐 주는 원리다. 우선 하나님의 말씀을 발견하여 주의 깊게 생각하여 완전히 이해할 필요가 있다. 그래서 그것을 마음속에 쌓아두고 나중에 우리 자신이나 다른 사람을 위해 이용할 수 있게 하는 것이다.

이렇게 하는 중에서도 종종 큰 기쁨을 발견할 수 있다. 즉, 추수와 승리의 기쁨, 보화를 안전하게 숨겨둔 기쁨, 어려운 문제를 이겨낸 기쁨 같은 느낌을 얻을 수 있다. 그러나 하나님의 말씀을 발견하여 자기 것으로 가지는 일이 곧 우리에게 신령한 생명과 힘을 가져오는 유일한 길은 아니라는 사실을 잊어서는 안 된다.

영양이 많은 좋은 곡식이라도 그것을 소유하는 것만으로 즉시 우리에게 영양분이 되는 것은 아니다. 하나님의 말씀을 깨닫는 일에 깊은 흥미를 가지고 있다고 해서 곧 그것만으로 우리의 머릿속이 살찌는 것은 아니다. 기쁨을 가져오는 것은 실제로 그것을 먹는 일 때문이다.

그러면 '먹는다'는 것은 또 무슨 뜻이겠는가?

먹는 과정을 통해 곡식을 완전히 소화하고 이로써 그 곡식이 우리 육신의 일부가 된다. 즉, 그것이 우리의 피

속으로 들어와 우리의 살과 뼈를 이루게 되는 것이다. 이것은 한번에 조금씩 이루어져야 한다. 하루에 두 번 내지 세 번씩 하루도 거르지 않고 꾸준히 차근차근히 해야 한다. 이것이 영양분을 섭취하는 원리다.

중요한 것은 하나님의 말씀에서 취하는 진리의 영양분이 얼마나 많은가에 있지 않다. 또한, 성경 공부에 얼마나 재미를 느끼며 어느 정도 성공하는가도 문제가 아니다.

우리의 영적인 생활에서 건강과 건전한 성장을 가져오는 것은 하나님의 말씀을 얼마나 명쾌하게 아는가, 또는 한꺼번에 얼마나 많은 것을 파악하는가에 달려 있지 않다. 그렇게 되면 전혀 방향이 틀리는 이야기가 되고 만다.

이런 것은 우리 성품이 너무 속되거나 육신적인 것이 되게 할 가능성이 있을 뿐, 예수님의 거룩함이나 겸손함은 전혀 본받을 수 없게 할 수도 있다. 결국, 어떤 다른 것이 필요하다는 말이다.

> 나의 양식은 나를 보내신 이의 뜻을 행하며 그의 일을 온전히 이루는 이것이니라 요 4:34

예수께서 이렇게 말씀하신 것은 무슨 뜻인가?

이것은 하나님의 말씀, 곧 그리스도 안에서 새로운

생활을 하는 데 필요한 명령이나 의무를 찾아내서 그것을 조용히 우리의 의지와 마음속에 받아들이는 것이다. 그 가르침이 정한 원칙에 온전히 순종하며, 예수님의 능력 안에서 그것을 실행하려고 결심하여 그 원리를 행동으로 이루어 나가는 것이다.

하나님의 말씀을 먹고 그것이 우리 생명에 긴요한 요소가 되도록 우리의 몸과 마음에 깊이 흡수한다는 말이 바로 이런 의미다. 모든 진리와 약속을 이처럼 받아들여야 하는 것이다. 우리가 먹은 것이 우리 몸의 일부가 되는 것처럼, 가는 곳마다 그 먹은 것이 우리와 함께하는 것이다.

이제 이러한 원칙이 우리의 모든 성경 공부에 빠짐없이 적용된다는 사실을 알 수 있을 것이다. 성경 지식을 쌓는 것과 그 말씀을 소화해서 자기 속에 흡수하는 것은 전혀 별개의 문제다. 수년 동안 먹을 수 있는 곡식을 모아 쌓아둘 수 있겠지만, 수일간 먹을 양에 해당하는 빵을 한꺼번에 삼킬 수는 없는 일이다.

음식은 날마다 하루에 한 번 이상 알맞은 양을 꾸준히 먹어야 하는 것이다. 그래서 하나님의 말씀을 먹을 때 우리 머리가 받아들여 소화할 수 있을 만큼만 먹는 것이 옳다. 이렇게 해서 꾸준히 한 해 두 해를 보내야 한다.

조지 뮬러 George Muller 는 하나님 안에서 즐거움을 느낄 수 있을 때까지 말씀을 계속 읽지 않으면 안 된다는 것을 깨닫고 나서, 그렇게 읽고 난 후에야 비로소 일하러 가더라도 마음에 걸리는 것이 없다고 했다. 이것은 하나님의 역사 안에서 발견하고 먹고 즐거워하는 모범을 보여준 것이 아닐 수 없다.

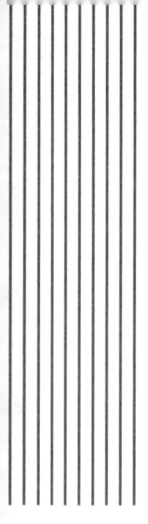

24. 여가 시간

집 주인이 만일 도둑이 어느 때에 이를 줄 알았더라면 그 집을 뚫지 못하게 하였으리라 눅 12:39

어느 유명한 교육가가 말했다.

여가 시간에 무엇을 하고 있는지가 매우 중요하다. 왜냐하면, 이것이 우리의 성격에 지대한 영향을 끼치기 때문이다. 여가 시간은 진정한 교육이 이루어지는 경첩(hinge)이다.

이 위대한 교육학 스승은 가장 중요한 것이 품성이고 다음으로 기술과 힘의 훈련이라고 보았다. 가르치는 입장에서는 자극을 주고 좋은 길로 인도하는 일 외에 더 이상의 지도를 해주기가 곤란하다. 다만 배우는 사람이 스스로 자기의 품성을 연마해 나가지 않으면 안 되는 것이다.

압박과 감시에서 벗어나 여가 시간을 가지게 될 때, 스스로 가장 의미 있는 모습이 드러나게 된다는 사실은 의심할 수 없다. 우리 그리스도인의 믿음에도 이런 현상은 똑같이 일어난다. 이 같은 현상을 느끼기는 해도 왜 그런가 하는 이유를 제대로 설명할 수 없는 경우가 대부분이다.

대학이나 중고등학교에 다니는 동안에는 아침의 한 시간을 하루 일과표에 삽입하여 경건의 시간을 지키는 것이 그리 어렵지 않을 것이다. 학생의 사고는 규칙적이며 체계적인 일에 맞추어져 있기 때문이다.

그러므로 그리스도인 학생이라면 학교 수업이나 공부하는 시간과 마찬가지로, 하나님 앞에 헌신하는 시간을 잘 지킬 수 있는 여건 속에 있는 셈이다.

그러나 휴식을 위한 시간, 마음대로 자유롭게 지낼 수 있는 시간에는 경건의 시간을 가지며 하나님과 교제하는 일이 생각보다 수월하지 않다는 것을 알 수 있다. 휴일을 즐기는 동안에는 영적인 생활을 계속 유지하는 것이 반드시 필요하거나 그렇게 기쁜 일로 보이지 않기 때문이다.

휴일을 어떻게 보내는지로 그 사람의 성품을 알아볼 수도 있고, 그 사람이 욥의 고백을 얼마나 가까이하고 있는지에 대한 증거를 찾아볼 수도 있다.

> 내가 그의 입술의 명령을 어기지 아니하고 정한 음식보다 그의 입의 말씀을 귀히 여겼도다 욥 23:12

여가 시간의 문제가 참으로 지극히 중요하다. 여가 시간에 나는 하고 싶은 일을 자유롭고 자연스럽게 하고 있다. 여가 시간에 나는 가진 것을 지킬 능력을 증명하고 증진시킨다.

규모가 큰 미국의 한 학교에 근무하는 교사가 다음과 같이 말했다고 한다.

> 우리가 투쟁해야 하는 것 중에 가장 큰 어려움은 여름 방학입니다. 학생을 잘 교육시켜서 어느 정도 성취가 있었더라도 방학 때문에 학생은 다시 해이해지기 때문입니다. 가을에 개학하여 학교에 모이면 우리 교사는 모든 것을 처음부터 다시 시작하지 않으면 안 됩니다. 여름 방학 동안 학생들은 쉽게 타락해 버리기 때문입니다.

규칙적인 습관에서 갑자기 해방된다거나, 즐거운 일이면 무엇이든 하고 싶은 대로 완전히 자유롭게 할 수 있다는 생각을 가지게 되면 많은 경우 젊은 그리스도인은 퇴보의 길을 걷게 된다.

이 점에서 나이가 좀 많고 경험이 있는 선배가 후배를 도와주고 보호해 주는 것이 필요하다. 한 주 정도 그냥 무시하고 보내면 수개월 동안 쌓아 온 아까운 습관이 쉽게 사라져 버릴지도 모른다.

도둑이 언제 들지 모르는 일이다. 아침 경건의 시간을 가지는 취지는 하루하루 종일토록 끊임없이 경계의 눈을 뜨지 않으면 안 된다는 것을 의미한다.

이런 사정을 알고 있는 경우라면, 이런 위험 중에 몇은 피할 수 있을지도 모른다. 방학은 어느 정도 학교 교육에서 해방된다는 의미다. 그러나 학교 교육 외에도 도덕이라든가 건강에 관한 수련 문제 등이 있다. 이들 문제에 있어 방학이라는 개념이나 해방이라는 말은 나올 수 없다.

날마다 하나님과 교제하는 임무는 전자가 아닌 후자의 교육 문제에 해당한다는 사실을 깨달아야 한다. 휴일이라도 매일 먹고 마셔야 하는 것과 마찬가지로, 하늘의 빵과 하늘의 공기를 매일 먹고 마시지 않으면 안 되는 것이다.

마음속으로 아침의 묵상과 기도의 시간을 지키는 것이 의무일 뿐만 아니라 말로 할 수 없는 특권이요, 기쁨이 되도록 다짐하라!

영적으로 새로 태어나는 사람에게는 하나님과 교제를 나누며 그리스도 안에 거하고 말씀을 사랑할 뿐만 아니라 주야로 묵상하는 것이 생명과 힘이요, 건강이요, 기쁨이 된다. 이 헌신도 같은 맥락으로 이해해야 한다.

우리 안에 새로 형성된 성품에서 오는 능력을 믿고 그에 따라 행동하라!

느끼지 못하더라도 그것은 실제로 나타날 것이다. 우리가 그것을 기쁨으로 생각하면, 실제로 우리에게 기쁨이 되는 것이다.

무엇보다 이 세상은 우리 같은 사람을 필요로 한다. 세상은 우리가 빛을 발하기를 기대하고 있다. 그리스도께서는 우리가 그분의 몸의 한 지체가 되어 날마다 우리를 통해 구속 사업을 이루기를 기다리고 계신다. 그분도, 세상도, 우리도 단 하루라도 놓쳐서는 안 되는 입장이다.

하나님께서 우리를 창조하시고 구속하신 이유가 무엇이겠는가?

그것은 마치 하늘의 해를 통해 하루도 쉬지 않고 이 세상을 비추듯이, 하나님께서 우리를 통하여 그의 빛과 생명과 사랑을 사람들에게 비추게 하려는 것이다. 그래서 우리는 매일 모든 빛의 근원이 되시는 분과 새로이 교통해야 한다. 하나님과 교제를 나누는 일에 대해 휴가를 요청할 생각을 해서는 안 된다. 또 그런 휴가를 취해서도 안 된다.

휴가를 우리가 통상 행하는 정도를 넘어 더 특별한 공부를 위한 시간으로 생각하라!

휴가를 아버지와 아들과 더 깊은 교제를 나눌 수 있는 특별한 기회로 여기고 이를 자랑스럽게 생각해야 한다. 휴가가 올무가 되거나 현상 유지에 급급하여 기력을 다 소모하는 시간이 아니라 자신과 세상을 이길 수 있는 은혜와 승리의 축복된 시간이 되어야 한다. 그러면 축복에 축복이 더해져 큰 은혜와 힘의 결실을 보게 될 것이다.

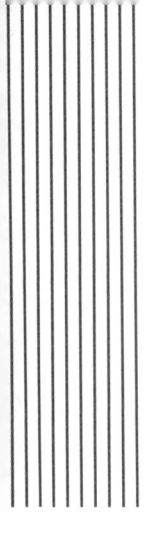

25. 마음 밖과 마음속

어리석은 자들아 겉을 만드신 이가 속도 만들지 아니하셨느냐 눅 11:40

사람의 바깥으로 드러나는 모양이나 형태를 보는 것만으로 안에 감추어진 생활을 들여다볼 수 있다. 보통은 안을 알기 전에 바깥 모습을 먼저 알게 된다. 밖을 통해서 안이 개발되고 충분한 완성에 이르게 되는데, 그것은 고린도전서 기자가 말한 것과 같다.

그러나 먼저는 신령한 사람이 아니요 육의 사람이요 그 다음에 신령한 사람이니라 고전 15:46

그리스도인의 생활에 있어서 가장 큰 비밀 중 하나는 안과 밖의 올바른 관계를 잘 이해하여, 그것을 바람직하게 유지하는 데 있다.

만약 아담이 미혹하는 말을 듣지 않았다면, 결과적으로 그 내면 생활을 완전하게 할 수 있었을 것이다. 그러지 못했기 때문에 죄와 멸망과 모든 슬픔의 근원이 들어오게 된 것이다.

왜 그렇게 되어버린 것인가?

그것은 아담이 눈에 보이는 바깥 세계의 권세에 굴복했기 때문이라 할 수 있다. 아담은 하나님의 계명이 존귀함을 받는 마음속에 감추어진 내적 생활, 즉 사랑과 믿음과 복종과 의지함이라는 마음의 자세에서 행복을 구하는 대신에, 자기 욕심을 바깥 세상, 즉 연락과 선악에 대한 지식에서 찾았으며, 그럼으로써 선과 악을 깨달을 수 있을 것이라고 생각했던 것이다.

가장 저급한 우상 숭배부터 부패한 유대교나 기독교에 이르기까지 모든 종교를 망라해 보면 거짓 사이비 같은 종교의 뿌리는 밖의 세계를 강조하는 일에 강조를 두고 있다. 눈을 즐겁게 하는 것, 흥미를 끌며 미각을 만족시키는 일이 내적 영역의 진실, 곧 하나님께서 구하시며 우리에게 주시는 마음속의 숨겨진 지혜를 찾는 것을 방해하는 것이다.

신약성경의 가장 두드러진 특징이라고 하면, 내적인 생활에 관한 섭리라고 할 수 있다. 하나님과 우리 사이의 새 언약에 관한 약속의 말씀을 보자.

내가 나의 법을 그들의 속에 두며 그 마음에 기록하여 렘 31:33

또 새 영을 너희 속에 두고 새 마음을 너희에게 주되…

또 내 영을 너희 속에 두어 겔 36:26, 27

우리 주 예수님이 주신 약속의 말씀은 어떠한가?

그는 진리의 영이라…그는…너희 속에 계시겠음이
라…그날에는 내가 너희 안에 있는 것을 너희가 알리라
요 14:17-20

우리의 경건은 마음 상태에 있다. 하나님은 마음속에 아들의 영을 보내시며, 하나님의 사랑은 마음속에서 그 향기를 온 천지에 발하는 것이다. 거기서 진정한 구원이 드러난다.

은밀히 보시는 아버지와 은밀히 교제를 나누는 골방이야말로 내적 생활의 상징이요 훈련장이다. 골방에서 충실하게 헌신하는 것을 계속하면 우리의 내적인 생활은 강해지며 또한 즐거운 나날이 될 것이다.

그리스도인의 생활에서 가장 큰 위험이라면, 우리가 내적인 실체보다 외적인 수단에 더 많은 시간과 흥미를 부여하는 것이다. 성경 공부를 아무리 많이 하고 기도와 선행을 아무리 열심히, 아무리 밀도 있게 집중적으로 행한다고 해도 신령한 생활을 이루지는 못한다.

그렇다. 우리가 깨달아야 할 것은, 하나님은 영이므로 우리 안에서 그를 알고 그를 받아들이며 그의 형상을 닮을 뿐 아니라 그의 모습을 좇을 수 있는 영이 존재한다는 사실이다.

우리의 구원이 내적으로나 외적으로나 새 사람이 되어 그리스도 예수의 품성과 생명과 영을 드러내는 데 있다는 것을 마음속에 새겨두라!

어디를 가든지 무엇을 하든지 집에 있을 때나 바깥일을 보고 있을 동안이라도 모든 것을 그리스도의 자세와 그리스도의 뜻을 드러낼 수 있도록 그리스도와의 한 몸 됨을 잃지 않겠다는 각오로 행해야 할 것이다.

우리의 심령 안에 그리스도의 영과 생명을 실천하며 더욱 자라게 함으로써 거룩한 예수의 모습을 닮아가게 하는 데 도움이 될 만한 일을 최우선으로 하라!

우리 속에 있는 보화, 곧 세상의 구주요 하나님의 영원한 말씀을 생각하라. 그분은 하나님의 성품의 씨앗으로 우리 마음속에 숨어 계셔서 우리 안에 있는 죄와 사망을 이기게 하시고, 우리 심령에 하늘의 생명을 다시 일으키신다.

우리의 마음에 주목하라. 그러면 우리의 마음속에 계신 구주와 하나님을 찾을 것이다. 하나님을 보지 못하고 느끼지 못하는 사람들이 있는 것은 그들이 책이나 교회 출석이나 기타 외부 활동같이 자기 마음속이 아닌 밖에서 하나님을 찾고 있기 때문이다. 그런 데서는 결코 하나님을 발견할 수 없는 것이다.

  하나님은 우리 마음 안에서 가장 먼저 찾을 수 있다. 거기에서 그를 발견하려고 한다면, 결코 실패하는 일이 없을 것이다. 하나님은 우리의 마음 안에 거하시며, 그의 빛과 성령이 그곳에 자리하고 있다는 사실을 잠시라도 잊어서는 안 된다.

26. 날로 새로워짐(1) — 그 능력

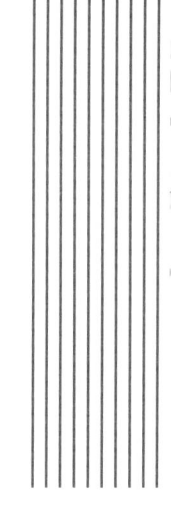

우리의 겉사람은 낡아지나 우리의 속사람은 날로 새로워지도다 고후 4:16

우리를 구원하시되…오직 그의 긍휼하심을 따라 중생의 씻음과 성령의 새롭게 하심으로 하셨나니 딛 3:5

대자연의 삶은 날마다 새롭다. 태양이 빛과 열을 안고 다시 떠오르면, 꽃이 피고 새가 노래하며 어느 곳에서나 생명이 약동하고 강해진다. 우리가 잠의 안식에서 일어나 아침 식사를 뜨면, 우리는 그날 일을 해낼 수 있는 새로운 힘이 솟아나는 것을 느낄 수 있다.

이처럼 골방은 우리의 내적 생활도 날마다 새로워지지 않으면 안 된다는 변함없는 고백이다. 영적인 생활에 필요한 활력을 계속 유지하며 성장할 수 있기 위해서는 오직 하나님의 말씀에서 신선한 영양분을 공급받으며 기도로 하나님과 신선한 교제를 나누는 수밖에 없다. 우리 겉사람은 후패하며 질병과 고통의 무거운 짐에 허덕이거나 노동의 긴장과 피로로 모든 지력이 소모되고 쇠약해질지라도 속사람은 날로 새로워질 수 있는 것이다.

하나님의 말씀을 묵상하며 기도할 수 있는 조용한 시간과 장소를 마련해야 새로워질 수 있는 준비를 갖추는 셈이다. 그러나 이런 준비도 그것을 통해 일하시는 하나님의 능력으로 활성화되어야 효과적인 수단이 된다. 그 능력이란 곧 성령을 가리키며 우리 안에서 역사하시는 하나님의 강한 능력이다.

만약 우리 속사람이 날로 새로워짐에 신경을 쓰지 않는다면, 골방에서 하는 성경 공부나 거기서 나타나는 내적 생활의 충실함도 만족스럽지 않을 것이다. 왜냐하면, 속사람이 날로 새로워진다는 것은 성령이 담당하는 특별한 기능의 결과이기 때문이다.

디도서의 말씀에서 우리가 알 수 있는 것은 우리가 "중생의 씻음과 성령의 새롭게 하심으로"(딛 3:5) 구원받았다는 사실이다.

"중생의 씻음"과 "성령의 새롭게 하심"이라는 두 표현은 같은 것을 중복한 말이 아니다. "중생"이란 하나의 위대한 역사요, 그리스도인의 생활의 첫걸음이다. 또 "성령의 새롭게 하심"이란 끊임없이 지속되며 결코 끝나지 않는 역사라고 할 수 있다.

로마서에 보면 "오직 마음을 새롭게 함으로"(롬 12:2)라고 하여 그리스도인의 생활을 성장해 가는 새로운 모습으로 표현해 놓은 것을 알 수 있다.

에베소서에서는 "옛 사람을 벗어버리고"(엡 4:22)라고 하였는데, 이는 부정 과거 시제로서 영원한 시간 중에서 꼭 한 번 행할 수 있는 행위를 가리킨다. 또 "오직 너희의 심령이 새롭게 되어"(엡 4:23)라고 한 것은 현재 시제로서 점점 성장해 가는 역사를 가리킨다고 할 수 있다.

이는 골로새서에서 말씀하신 것과 일치한다.

> 새 사람을 입었으니 이는 자기를 창조하신 이의 형상을 따라 지식에까지 새롭게 하심을 입은(현재 시제임을 주의할 것) 자니라 골 3:10

우리는 성령을 바라보아야 한다. 성령에 의지해서 골방 안에서 속사람이 날로 새로워짐을 입을 수 있기 때문이다. 우리가 하나님께 은밀히 헌신하는 모든 것은 삼위일체 되시는 성령과의 관계를 어떻게 유지하느냐에 달려 있다. 아버지와 아들이 구속하시는 사랑의 역사를 이루시는 것도 그를 통해서요, 그리스도인이 스스로 사명을 다할 수 있는 것도 오직 그를 통해서이다.

그와 같은 관계를 간단히 두 단어로 표현하면 '믿음'과 '복종'이라 할 수 있다.

1. 믿음

성경에 이런 말씀이 있다.

> 하나님이 그 아들의 영을 우리 마음 가운데 보내사 아빠 아버지라 부르게 하셨느니라 갈 4:6

아무리 약한 자일지라도, 아침 경건의 시간을 지키며 하나님과 자신을 기쁘게 할 수 있는 기도를 드리려는 하나님의 자녀라면, 그가 기도의 영으로 성령을 받았다는 사실과 성령이 없이는 효과적으로 기도할 수 없다는 사실을 기억해야 한다.

아침에 일어나 경건의 시간을 지켜서 속사람이 날로 새로워지는 것이 현실로 일어날 수 있는 일이라면, 우리는 묵상하며 예배를 드릴 뿐 아니라 성령이 우리 안에서 기도와 말씀을 통하여 역사하신다는 사실을 온 마음을 다 기울여서 믿지 않으면 안 된다.

2. 복종

성령이 모든 것을 다스린다는 사실을 잊지 말라!

> 무릇 하나님의 영으로 인도함을 받는 사람은 곧 하나님의 아들이라 롬 8:14

> 육신을 따르지 않고 그 영을 따라 행하는 우리에게 롬 8:4

말씀으로 빛과 능력이 되게 하며 우리로 하여금 하나님께서 기뻐하시는 바 어린아이 같은 신념과 순종의 정신을 잃지 않는 것은 그 영이 임재하심으로 가능하다.

이 놀라운 선물, 곧 새롭게 하는 능력을 베푸는 성령을 주시는 하나님을 찬송하라!

그리고 새로운 기쁨과 희망을 가지고서 우리의 골방을 바라보라!

그 골방이야말로 우리의 속사람이 날로 새로워질 수 있도록 하나님께서 허락하신 장소인 것이다. 이렇게 하여 언제나 새로움 속에서 삶을 신선하게 누릴 수 있고, 힘차게 전진하여 많은 열매를 거둘 수 있어서 아버지께서 영광을 받으시는 것이다.

이 모든 것이 진실이라면, 우리가 성령에 대해 올바르게 인식하는 것이 얼마나 중요하며 얼마나 간절하게 요구되는 일인지는 말로 다 표현할 수 없을 것이다.

삼위일체 하나님의 한 분으로서 하나님의 생명을 우리 안에 불어넣어 주시고 우리 내면 깊이 자신을 숨기시며 스스로 우리와 하나 되게 하는 역할이 그의 사명이라고 할 수 있다. 거기서 아버지와 아들을 드러내어 하나님의 막강한 능력이 우리 안에서 역사하게 하시고, 또한 우리의 존재 전체에 대해 통제하는 일을 담당하고 계신 것이다.

성령이 요청하는 단 하나의 사실은 자신의 인도에 순전히 순종하는 것이라 할 수 있다. 우리의 심령이 진실로 순종하는 자세를 가진다면 성령으로 인하여 날로 새로워져서 신앙의 성장과 강건한 힘과 그에 따른 기쁨의 비밀을 흡족하게 맛볼 수 있을 것이다.

27. 날로 새로워짐(2) — 그 양상

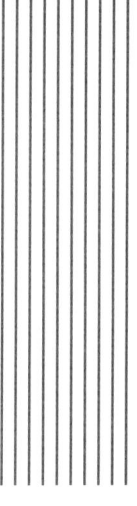

너희가…새 사람을 입었으니 이는 자기를 창조하신 이의 형상을 따라 지식에까지 새롭게 하심을 입은 자니라 골 3:9-10

너희가 참으로 그에게서 듣고 또한 그 안에서 가르침을 받았을진대 너희는…오직 너희의 심령이 새롭게 되어 하나님을 따라 의와 진리의 거룩함으로 지으심을 받은 새 사람을 입으라 엡 4:21-24

무슨 일을 시도하는 경우에는 분명하게 정립된 목표가 있게 마련이다. 아무렇게나 닥치는 대로 행동해서는 안 된다. 목표를 향해 바르게 나갈 수 있는 정확한 방향을 잡아야 한다.

특히 도움을 받고 있는 어떤 사람과 협동하여 일을 도모할 경우 나의 목표와 그 사람의 목표가 완전히 일치하거나 서로 조화될 수 있는 상태에 있어야 한다는 것을 알아야 한다. 날로 새로워지는 데 효과를 거두어 그 목적을 이룰 수 있도록 우리가 목적하는 것이 무엇인지 분명히 알고 있어야 한다.

> 너희가…새 사람을 입었으니…지식에까지 새롭게 하심을 입은 자니라 골 3:9-10

신령한 생활 곧 우리 안에 있는 성령의 역사는 우연히 이루어질 수 있는 것이 아니다. 우리는 하나님과 함께 일하는 동역자가 되어야 한다. 따라서 우리의 협력은 "지식에까지" 현명하고 자발적인 것이 되지 않으면 안 된다.

어떤 지식은 별다른 노력 없이도 하나님의 말씀으로 얻을 수 있으나, 생명과 능력과 참된 진리와 하나님의 속성은 얻지 못하는 경우가 있다. 그런 특징은 신령한 지식 속에 숨겨져 있다. 참된 지식은 성령의 새롭게 하심으로만 얻을 수 있다.

이 참된 지식에는 사고나 사상 같은 개념이 없다. 단지 그 말이나 사상이 이미지로 나타나는 것을 속으로 맛보며 생동하는 것으로 받아들일 뿐이다. 아무리 열심히 성경을 공부해도, 영적으로 새롭게 되는 것을 체험하는 것에서보다 더 깊은 영적인 지식을 얻지는 못한다. 우리는 오직 우리의 심령과 우리 속사람이 새로움을 입음으로써 참된 하나님의 지식에 도달할 수 있는 것이다.

그렇다면 속사람이 새롭게 됨으로 말미암은 영적인 지식에 대해 나타나는 양상은 어떤 것인가?

새 사람은 자기를 창조하신 자의 형상을 닮아 지식에까지 새로워진 사람이다. 즉, 하나님의 형상과 모습을 따르는 것이다. 이것이야말로 성령이 날마다 우리를 새롭게 하시는 목적이며 또한 새롭게 하심을 구하는 신자의 목표이다.

이것은 하나님께서 사람을 창조하신 목적이었다.

> 우리의 형상을 따라 우리의 모양대로 우리가 사람을 만들고 창 1:26

이 말씀이 얼마나 영광스러운 내용을 담고 있는지 한번 생각해 보라!

하나님께서 그의 생명을 인간에게 불어넣으신 실제적인 이유는 인간을 통해 땅 위에 하늘에 있는 하나님의 형상을 완전하게 닮은 존재를 새로 만들고자 하신 것이다. 우리는 그리스도에게서 인간의 형체를 한 하나님의 형상을 볼 수 있다.

우리는 성령을 통해 그 아들의 형상을 닮아가도록 미

리 운명지어졌으며 사망의 그늘에서 구속되어 부름을 받고 이제는 그 가르침을 받아들이고 있는 것이다.

하나님을 모방하며 그리스도께서 걸어 가셨던 길을 그대로 따라 걷지 않으면 안 될 숙명이라고 할 수 있다. 만일 우리 마음이 하나님께서 자신의 형상을 따라 우리를 새롭게 하시는 데서 멀어진다면 우리가 나날이 드리는 기도와 성경 공부는 그 초점을 잃고 말 것이다.

하나님께서 인간을 창조하실 때 둘째로 삼았던 기준, 즉 '자신의 모양'이라는 말에서도 (약간 다르게 표현되기는 하였으나) 같은 생각을 간파할 수 있다. 우리가 새로움을 입음으로써 본받게 될 하나님의 모양 likeness 이라는 말은 의로움과 거룩함이라는 개념과 관계가 깊다.

'의롭다'는 것은 죄를 싫어하시고 올바름을 지켜 가시는 하나님의 속성을 말한다. '거룩함'은 하나님의 의로움과 사랑이 완전히 조화될 때 오는 그의 영광을 이르는 말이다. 즉, 자기가 창조한 인간에 대해 훨씬 높은 곳에서 홀로 존귀하면서도 인간과 완전히 하나가 되는 것에서 오는 영광이라고 할 수 있다.

인간의 '의로움'은 하나님께서 자신과 우리 인간에 대한 의무로 우리에게 부여하신 모든 일을 이루는 것을 포함한다. '거룩함'이라는 것은 하나님과의 개인적인 관계를 말하고 있다.

새 사람으로 태어났으므로 이제는 새로워지지 않으

면 안 된다. 이 일을 이루기 위해 성령께서 우리 안에 계셔서 역사하시는 것이다. 그러므로 경건의 시간을 이용해서 날마다 그에게 우리 자신을 바쳐드리지 않으면 새로움을 입을 수 없게 된다.

우리의 마음이 하나님께서 원하시는 상태에 있게 하며 그것이 실제로 일어날 수 있는 일이라는 참된 소망을 가지기 위해서는 참으로 많은 묵상과 기도가 필요하다.

그리스도인들이여!

다른 일이 당신의 목표가 되어서는 안 될 것이며 또한 그에 만족해서도 안 된다.

하나님께로 나아갈 때 그를 발견할 수 있다는 기대를 가지고 성령의 새롭게 하심으로 하나님께서 우리 안에 자신의 모양을 이루신다는 사실을 신뢰하라!

우리를 창조하신 이의 형상을 따라 새로워질 수 있도록 날마다 기도하라!

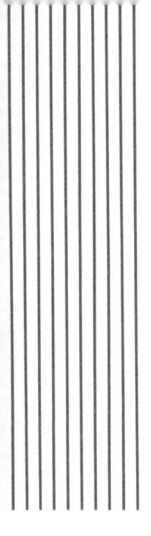

28. 날로 새로워짐(3) — 그 대가

그러므로 우리가 낙심하지 아니하노니 우리의 겉사람은 낡아지나 우리의 속사람은 날로 새로워지도다 고후 4:16

너희는 이 세대를 본받지 말고 오직 마음을 새롭게 함으로 변화를 받아 롬 12:2

장성하여 강한 그리스도인이 된다는 것은 사소하거나 쉬운 일이 아니다. 하나님의 입장에서 그것은 하나님의 아들과 그의 생명을 희생하는 것이다. 즉, 새 사람을 탄생시키는 데는 하나님의 무궁한 능력이 필요하며, 그런 생활을 지키는 데는 끊임없는 성령의 보살핌이 필요하다.

인간의 입장에서 새 사람을 입게 될 때에는 옛 사람을 벗어야 한다. 다시 말해 우리가 이제껏 살아온 생활을 이루었던 모든 성격, 습관, 즐거움을 깨끗이 정리해야 한다는 뜻이다. 진주 같은 큰 상을 소유하기 위해서는 태어나면서 아담에게 받았던 모든 것을 팔아치우지 않으면 안 된다. 사람이 그리스도의 발자취를 따르고자 한다면, 자기를 부정하고 자기 십자가를 져야 한다. 즉, 모든 것을 포기하고 그리스도께서 가셨던 길을 따라야 한다는 것이다.

죄를 벗어버릴 뿐만 아니라, 합법적이고 귀중한 것이라도 죄로 인도할 잠재적 가능성이 있다고 생각되는 한 그 모든 것을 포기하지 않으면 안 된다. 성경은 만약 눈이나 손이 죄로 인도하는 문제거리가 된다면 그 눈을 빼어 버리며 그 손을 찍어 내라고 가르친다. 누구든지 '영생의 능력' 안에 살고자 한다면, 자기 생명을 미워하고, 그것을 잃지 않으면 안 된다.

참된 그리스도인이 된다는 것은 생각보다 훨씬 더 엄중한 일이다. 이것은 속사람이 날로 새롭게 하심을 입는 데 특히 타당하다. 바울은 그것이 겉사람이 낡아지는 것과 병행한다고 말한다. 고린도후서의 전체적인 흐름은 그리스도가 고통받으신 것, 그 죽음에까지 동참한 것이 바울이 그 교회들을 향해 능력과 축복의 삶을 살았던 비결이었음을 우리에게 보여준다.

> 우리가 항상 예수의 죽음을 몸에 짊어짐은 예수의 생명이 또한 우리 몸에 나타나게 하려 함이라 우리 살아있는

자가 항상 예수를 위하여 죽음에 넘겨짐은 예수의 생명이 또한 우리 죽을 육체에 나타나게 하려 함이라 그런즉 사망은 우리 안에서 역사하고 생명은 너희 안에서 역사하느니라 고후 4:10-12

우리가 그리스도의 생명을 우리 안, 곧 우리의 육신이나 타인을 위한 봉사에서 충분히 체험하려고 한다면, 그 성패는 그의 고통과 죽으심에 동참하는가의 여부에 달려 있을 것이다. 희생과 겉사람의 낡아짐이 없이는 속사람이 새로움을 입는 데 큰 진전이 있을 수 없다.

우리의 생활이 하늘의 것으로 채워진다면, 땅의 것은 비워질 수밖에 없다.

너희는…오직 마음을 새롭게 함으로 변화를 받아 롬 12:2

여기서도 같은 진리를 찾아낼 수 있다. 오래된 집은 새로 단장하더라도 옛 모습이 많이 남아 있게 된다. 그러나 반대로 새롭게 하심을 입게 되면, 그 변화가 너무도 크고 전면적인 것이기에 사람들이 놀랄 정도가 된다.

성령으로 마음을 새롭게 한다는 것은 완전한 변화를 의미한다. 즉, 생각하고 판단하고 결단하는 방식이 달라진다는 뜻이다. 육신에 속한 마음이 "신령한 지혜와 총명"으로 대치되는 것이다.

> 이로써 우리도 듣던 날부터 너희를 위하여 기도하기를 그치지 아니하고 구하노니 너희로 하여금 모든 신령한 지혜와 총명에 하나님의 뜻을 아는 것으로 채우게 하시고 골 1:9

> 또 아는 것은 하나님의 아들이 이르러 우리에게 지각을 주사 우리로 참된 자를 알게 하신 것과 또한 우리가 참된 자 곧 그의 아들 예수 그리스도 안에 있는 것이니 그는 참 하나님이시요 영생이시라 요일 5:20

이와 같은 변화를 체험하려면, 본래 자기에게 속해 있던 모든 것을 포기하는 수밖에 없다.

> 너희는 이 세대를 본받지 말고 오직 마음을 새롭게 함으로 변화를 받아 롬 12:2

본성상 우리는 세상에 속한 자들이다. 은혜를 힘입어 새로워졌지만, 우리는 여전히 이 세상 가운데 있고 우리가 떨쳐버릴 수 없는 교묘하고 만연한 영향력에 속해 있다. 나아가 이 세상이 마치 누룩처럼 우리 안에 자리잡고 있는데, 이것은 하늘의 생명으로 채워주시는 성령의 강한 능력 외에 어떤 것도 뽑아낼 수 없는 것이다.

이와 같은 진리를 깊이 이해하고 깨달아서 이 진리가 우리의 사고를 지배하게 하지 않으면 안 된다.

위에 속한 하나님의 형상으로 우리의 마음을 날마다 새롭게 함으로써 이루어지는 신령한 변화는 우리가 이 세상에 속한 모든 것들에서 자유케 되기를 구하는 것보다 더 빨리 더 멀리 나아갈 수 없다. "이 세대를 본받지 않는" 부정적인 면은 "변화를 받는" 긍정적인 면만큼이나 매우 강조될 필요가 있다.

우리가 세상에 속한 영을 버리고 난 뒤에야, 하나님의 영이 우리 안에 들어와서 우리를 새롭게 하여 변화 받게 하는 역사를 이룰 토대가 마련된다. 또한, 이렇게 되기 위해서는 이 세상 모든 것과 세상의 영에 속한 모든 것을 포기해야만 한다. 모든 생활과 자신에 속한 모든 것을 잃어버려야 한다.

이렇게 날마다 우리의 속사람을 새롭게 하는 일은 주저하거나 우리 자신의 힘으로 그것을 하려고 하면 희생이 크다. 그러나 이 일을 담당하는 주체가 성령이라는 사실을 알고 모든 어려운 일을 성령에게 맡긴다면, 새로워지는 것은 우리 안에서 하늘의 생명이 쉽고 자연스럽고 건강하고 즐겁게 자라는 것이 된다.

그러면 우리가 기도하는 은밀한 골방은 하나님께서 행하셨던 일, 지금 행하시고 계신 일, 장차 행하실 일을 생각하며 날마다 그를 찬양하기 위해 날마다 사모하는 장소가 된다.

"나를 믿는 자는…그 배에서 생수의 강이 흘러나오

리라"(요 7:38)라고 말씀하신 우리 주님께 나아가 새로운 헌신의 섬김으로써 우리는 날마다 즐거움 속에 지내게 될 것이다. 성령의 새롭게 하심이야말로, 매일 그리스도인으로서의 사는 중에 가장 복된 진리가 아닐 수 없다.

29. 거룩—성경 공부의 주요 목표

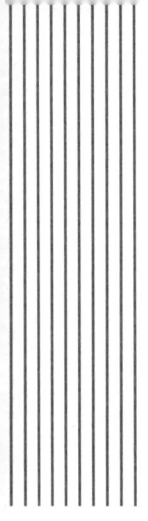

그들을 진리로 거룩하게 하옵소서 아버지의 말씀은 진리니이다 요 17:17

'대제사장의 기도'(요 17장)에서 우리 주님은 아버지께서 그에게 주신 말씀에 대해서, 그 말씀을 그의 제자들에게 주셨다는 것에 대해서, 그리고 그들이 그 말씀을 받고 믿었다는 것에 대해서 말씀하셨다. 그 말씀이 그들을 제자로 만들었다. 그 말씀을 지킴으로써 그들은 참된 제자의 삶을 살고 참된 제자의 일을 할 수 있었다. 그리스도께 그 말씀을 듣고 지키는 것은 참된 제자의 징표요 능력이다.

그리스도께서는 자신이 떠난 뒤 이 세상에 남게 될 제자들을 지켜 달라고 아버지께 기도하셨다. 제자들이 말씀 안에 거하며 말씀 안에서 생활했던 것처럼 진리로 거룩하게 된다면, 아버지께서 그들을 지켜주실 수 있기 때문이다. 그들이 이 말씀을 지킨다면 진정한 제자의 생활을 할 수 있고 참된 사도의 사명도 이룰 수 있게 된다.

그리스도께서는 "내가 곧 길이요 진리요 생명이니"(요 14:6)라고 하셨다. 그리스도는 은혜와 진리로 가득 찬 아버지의 독생자셨다. 그리스도의 가르침은 모세 율법의 가르침과 달랐으며, 앞으로 일어날 일을 예언하셨다. 이 진리는 곧 하나의 형상 또는 그림자였다.

> 내가 너희에게 이른 말은 영이요 생명이라 요 6:63

이 말씀은 제자들이 이야기하던 바로 그 실체요 능력이요 하나님의 말씀이었다. 그리스도께서는 그 영을 진리의 영으로 말씀하셨다. 이 진리의 영을 통해 제자들은 그리스도 안에 있는 모든 진리에 이를 수 있었던 것이다. 이것은 어떤 원칙을 깨닫는 문제와는 다른 것으로, 진리를 실제로 체험하고 즐거워하는 것을 가리킨다.

또한, 그리스도께서는 이 살아있는 진리가 말씀 안에 거하는 것과 같이, 그 진리가 성령에 의해 계시되어 아버지께서 제자들을 거룩하게 하시기를 기도하셨다.

> 또 그들을 위하여 내가 나를 거룩하게 하오니 이는 그들도 진리로 거룩함을 얻게 하려 함이니이다 요 17:19

그분은 아버지께서 능력으로 제자들을 맡아주시며, 그들을 거룩하게 하려는 목적이 이루어지도록 그들을 사랑해 주시기를 간구하셨다.

이 사실이 품고 있는 놀라운 교훈을 살펴보자.

하나님의 말씀의 큰 목적 중 하나는 우리를 거룩하게 하는 것이다. 우리의 성경 공부가 우리를 더욱 겸손하고 거룩하게 하지 않는다면, 아무리 열심히 노력하고 또 어떤 성과가 있었다 하더라도 결국 아무런 유익이 없을 것이다.

이 점이 성경을 접하는 모든 이유 중에서 가장 주된 목적이 된다는 것은 의심할 여지없이 분명하다. 성경을 그렇게 많이 공부하면서도 그리스도의 품성을 닮아가는 데 별로 큰 성과를 거두지 못하고 있는 이유는 성령으로 거룩하게 되어 구원받고 진리에 대한 믿음을 갖기를 진정으로 구하지 않았기 때문이라고 할 수 있다.

언뜻 생각하면 하나님의 말씀을 공부하며 그 속에 담긴 진리를 받아들이면 어떤 식으로든 자연히 유익한 결과를 얻을 수 있을 것 같아 보인다. 그러나 실제로 경험해 보면 그렇지 않다는 것을 알게 된다. 우리는 그것을 구해야 얻을 수 있다.

그리스도께서는 우리를 거룩하게 하시려고 하나님의 말씀을 주셨다. 성경 공부의 목적을 교조적(敎條的)인 진리가 아닌 하나님의 구원의 능력 안에서 그 말씀을 깨닫는 데 둘 때, 진리의 길이 우리 앞에 열리게 되는 것이다. 하나님만이 그 말씀으로 우리를 거룩하게 하실 수 있다. 하나님과 그의 직접적인 작용에서 분리된 말씀은 아무런 도움이 되지 못한다.

이 말씀은 하나님께서 이용하시는 도구다. 하나님은 유일하게 거룩하신 분이시다. 그러므로 하나님만이 우리를 거룩하게 하실 수 있다. 하나님의 말씀은 거룩하게 되는 수단이다. 많은 사람이 범하는 큰 실수는 하나님만이 그 말씀이 유익되게 하실 수 있다는 사실을 망각하는 것이다.

진료소에 찾아가서 약을 구하는 것으로는 아무런 도움도 얻지 못한다. 의사가 필요한 약을 처방해 주어야 한다. 의사가 없어 아무 약이나 먹는 경우 생명에 위험을 가져올 수도 있다.

이것이 하나님의 율법으로 자랑을 삼는 율법사가 가진 문제점이다. 그들은 성경을 공부하는 데서 즐거움을 얻었으나 거룩하게 되지는 않았다. 말씀이 바로 그들을 거룩하게 하는 것은 아니다. 왜냐하면, 그들은 말씀 안에서 거룩함을 찾지 않으며 하나님께 구하지도 않기 때문이다.

말씀을 통해 거룩하게 되기 위해서는 기도로 하나님께 구하고 또한 기다리지 않으면 안 된다. 우리 주님께서는 그의 제자들이 거룩해야 한다고 가르쳤던 것만이 아니다.

주님은 그들이 진리로 거룩하게 될 수 있도록 그분 자신을 거룩하게 하셨을 뿐만 아니라, 아버지께서 그의 제자들을 거룩하게 해주실 것을 구하는 가운데 그의 기도와 사역을 아버지께 드리셨다. 우리는 하나님의 말씀을 깨닫고 그에 대해 묵상할 필요가 있다.

우리의 마음이 거룩하게 되는 것을 성경 공부의 가장 우선되고 중요한 목표로 삼을 필요가 있다. 그러나 그것으로 다 된 것은 아니다. 말씀으로 우리를 거룩하게 해 달라고 아버지께 간구하는 가운데 우리가 그리스도를 따르는 것이 가장 중요하다.

우리 안에 거하는 거룩함의 영을 통하여 우리를 거룩하게 하시는 이가 하나님 곧 거룩하신 아버지시다. 그는 우리 안에 거룩함의 모범이 되시는 그리스도의 마음을 심어주신다.

주밖에 다른 거룩하신 이가 없고 삼상 2:2

모든 거룩함은 그의 것이요, 그가 임재하심으로 주시는 것이다. 장막과 성전도 거룩한 곳은 아니었다. 다만 정결한 곳, 외부와 단절된 곳, 혹은 하나님께 바쳐진 곳일 따름이었다. 이 장소는 주 하나님께서 오셔서 거기에 거하시며 그곳을 주재하시는 때에만 거룩해질 수 있었던 것이다.

그러므로 하나님께서는 그의 말씀을 통해 그리스도와 성령을 우리 속에 데려오심으로써 우리를 거룩하게 하신다. 우리가 하나님 앞에 조용히 기다리며 깊이 의지하고 완전히 복종하지 않는다면, 아버지께서 이 일을 이루실 수가 없다.

이를 위해 기도하면 하나님의 거룩하게 하시는 능력을 볼 수 있을 것이다. 이때 하나님의 말씀을 아는 지식이 우리를 거룩하게 해주는 진정한 지식이 되는 것이다.

아침 경건의 시간을 지키는 일이 얼마나 성스러운 일인지 모른다. 그 시간은 하나님의 거룩하심에 우리 자신을 완전히 바쳐 헌신하는 시간이요, 말씀을 통하여 거룩하게 되는 시간이다.

하나님의 말씀의 유일한 목적이 우리를 거룩하게 하는 것임을 항상 기억하라!

그리고 계속해서 이렇게 기도하라!

"아버지여! 당신의 진리로 나를 거룩하게 하소서!"

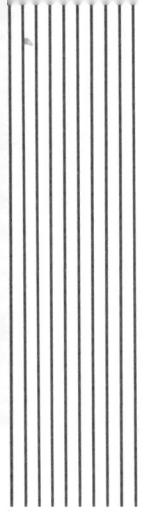

30. 시편 119편과 그 교훈

내가 주의 법을 어찌 그리 사랑하는지요 내가 그것을
종일 작은 소리로 읊조리나이다…내가 주의 법도들을
사랑함을 보옵소서…내가 이를 지극히 사랑하나이다
시 119:97, 159, 167

성경을 보면 하나님의 말씀이 우리의 삶에서 어떻게 존중을 받아야 하는지, 그 축복을 확보하는 방법을 가르치는 데에만 전부를 할애된 부분이 있는데 바로 시편 119편이다. 이 부분은 성경 말씀 중에서 가장 길이가 길며, 176절의 모든 말씀이 거의 예외 없이 각각 다른 말로 표현되어 있다.

하나님의 뜻에 따라 성경을 공부하는 방법을 알고자 하는 사람은 반드시 이 시를 면밀히 검토할 필요가 있다. 우리는 각자 이 교훈의 가르침을 공부해서 그대로 실행하도록 결심해야 한다. 이 시편이 제시하는 하나님의 명령을 무시할 때, 우리의 성경 공부가 영적인 유익이나 힘을 더 이상 가져오지 못할 것은 조금도 이상한 일이 아니다.

이 부분을 한 번에 다 읽은 적이 있는가?

시간이 없다면 시간을 내도록 하라!

그리하여 단숨에 읽어내린 다음 그 주요한 사상을 거두어 들이라!

이것이 어려우면 최소한 그 정신만이라도 파악해 두라!

한 번 읽고서도 그렇게 되지 않는다면 자꾸 읽어라!

그러면 그 부분에 대해 더 신중하게 생각할 필요가 있다는 것을 느끼게 될 것이다. 다음에 몇 가지 힌트를 제시해 보겠다.

첫째, 하나님의 말씀과 관련된 모든 명칭들을 적어두라!

둘째, 하나님의 말씀에 관하여 우리가 느끼고 행해야 할 모든 것들을 나타내는 동사들을 전부 적어두라!

그리고 우리 마음과 우리의 생활 가운데 하나님의 말씀이 차지하고 있는 위치가 어디쯤인가 깊이 생각해 보라!

우리의 모든 기능이 하나님의 말씀에 영향을 받고 있는지, 즉 욕망, 사랑, 기쁨, 신뢰, 순종, 행동 같은 모든 지정의의 작용이 말씀과 어떤 관계를 맺고 있는지 생각해 보라!

셋째, 하나님의 증거를 지키고 준수하며 그것으로 인해 즐거워한 일에 대하여 과거 시제로 말한 경우가 얼마나 되는지 세어서 적어보라!

하나님의 율법을 즐겨 찾으며 사랑하고 존경한 것을 현재 시제로 나타낸 횟수는 얼마나 되는가?

끝까지 하나님의 가르침을 준수하기로 약속하며 맹세하는 일을 미래 시제로 표현한 경우는 어떤가?

이 모두를 모아서 하나님의 율법을 지키며 그 법을 영화롭게 하는 사람으로서, 하나님 앞에 그 마음을 얼마나 많이 드리고 있는지 검토해 보라!

열렬히 드리는 기도가 응답을 받는 '의인'의 이미지를 뚜렷하게 가지게 될 때까지, 위에서 조사한 표현들 하나님께 드리는 기도와 어떤 연관을 가지고 있는지 특히 잘 살펴보라!

넷째, 기도 자체를 좀 더 검토하여 기자(記者)가 하나님의 말씀에 대하여 구하는 각기 다른 사항들을 적어두라!

그 사람은 하나님의 말씀을 깨닫기 위해서 기도하고 있는가?

그 말씀에 복종하는 힘을 얻기 위해 기도하는가?

말씀에 약속된 축복을 얻기 위해 기도하는 것인가?

특별히 "주의 율례를 내게 가르치소서," "나로 깨단

게 하소서" 같은 기도를 찾아서 적어두라!

또한, "주의 말씀대로"라는 부분도 찾아보라!

다섯째, 고통을 나타내는 구절이 얼마나 되는지 세어 보라!

그 고통이 스스로 처한 환경에서 온 것이든지, 원수로 인한 것이든지, 또는 악한 자의 죄로 인한 것이든지 하나님께서 나를 신속하게 돕지 않으셔서 온 것이든지 묻지 않고 헤아려 보라!

특히 고통과 곤궁을 당할 때 하나님의 말씀이 얼마나 필요한지, 그리고 이것만이 우리에게 평안을 가져다준다는 것을 배우라!

여섯째, 이것은 매우 중요한데 "주님은," "주님의," "주님을" 같은 대명사가 얼마나 자주 쓰이고 있는지, 또 "내게 가르치소서," "나를 소성케 하소서" 같은 탄원의 외침 속에서 어떻게 쓰이고 있는가 살펴보라!

그러면 어떻게 해서 이 시편 전체가 하나님께 말씀드린 하나의 기도인지 금방 알게 될 것이다.

그것이 말씀에 대한 자신의 애착이든지, 하나님이 자신을 가르치시고 깨우실 것에 대한 필요든지, 그는 모든 것을 하나님의 면전에 고했다. 그는 묵상과 생각을 살아계신 하나님께 연결시키는 것처럼 가능한 한 가깝게 말씀과 연결시키는 것이 하나님을 기쁘시게 하고 자신의 영혼을 위해서도 이롭다고 믿었다. 그가 하나님의 말씀을 묵상하고 생각하는 것은 언제나 그로 하여금 하나님과 교제를 나누도록 인도하였고, 조금이라도 하나님과 떨어지지 않게 했다.

하나님의 말씀은 하나님과 교제를 나누는 기초가 되며 풍요롭고 닳아 없어지지 않는 연료가 된다. 우리가 이러한 진리를 점점 통찰하게 되면 간단한 구절에서도 새로운 의미를 찾아낼 수 있게 된다.

그리고 이따금씩 8절로 된 한 단락 전체를 볼 때, 우리는 그 말씀이 어떻게 우리를 그 말씀과 함께 또한 그 말씀을 통해 하나님의 임재 안으로 들어가게 하고, 또한 다음과 같이 말씀하시는 순종과 기쁨의 생활에 들어가게 하는 데 얼마나 유익한지 쉽게 알 수 있을 것이다.

> 주의 의로운 규례를 지키기로 맹세하고 굳게 정하였나이다
> 시 119:106

> 내가 주의 법을 어찌 그리 사랑하는지요 내가 그것을 종일 읊조리나이다 시 119:97

성령이 베푸시는 은혜를 힘입어 이 시편이 나타내는 헌신의 생활을 할 수 있도록 노력하자!

하나님의 말씀이 날마다 그리고 다른 어떤 일보다도 먼저 우리를 하나님께로 인도해 가도록 해야 한다. 하

나님의 말씀 안에서 모든 것이 기도가 되도록 해야 하는데, 특별히 하나님의 신령한 가르침을 기다리는 마음은 더욱 그래야 할 것이다.

이제 어린아이 같은 마음으로 "아버지여, 나를 도우소서"라고 말씀드리라!

그리고 하나님께서 우리를 살리고 복을 주셨으므로 우리가 그의 계명이 지시하는 길을 걸을 것이라고 결단하라!

그 말씀이 다른 이의 영적인 생활을 일깨우는 것이든지 아니면 강건하게 하는 것이든지, 하나님의 말씀이 우리에게 주시는 모든 것이 우리가 그 말씀을 그들에게 전하는 데 더욱 진지한 열심을 내게 하는 것이 되도록 하라!

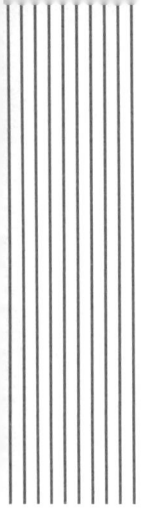

31. 삼위일체

이러므로 내가…아버지 앞에 무릎을 꿇고 비노니…너희 속사람을 능력으로 강건하게 하시오며 믿음으로 말미암아 그리스도께서 너희 마음에 계시게 하시옵고 너희가 사랑 가운데서 뿌리가 박히고 터가 굳어져서 능히 모든 성도와 함께 지식에 넘치는 그리스도의 사랑을 알고 그 너비와 길이와 높이와 깊이가 어떠함을 깨달아 하나님의 모든 충만하신 것으로 너희에게 충만하게 하시기를 구하노라 우리 가운데서 역사하시는 능력대로 우리가 구하거나 생각하는 모든 것에 더 넘치도록 능히 하실 이에게 교회 안에서와 그리스도 예수 안에서 영광이 대대로 영원무궁하기를 원하노라 아멘 엡 3:14-21

이 말씀은 종종 그리고 특별한 이유 없이 이 세상에서 신자의 생활을 매우 잘 표현한 것으로 여겨진다. 그런데 이 견해는 그런 경험을 하는 것이 예외적이고 요원한 무언가로 여기게 하고, 그래서 다양한 수준에 있는 복된 진리, 즉 하나님의 모든 자녀의 분명하고 즉각적인 유산이라는 사실을 숨기게 되는 생각을 낳을 위험이 있다.

매일 아침마다 신자는 이렇게 말할 수 있는 권리를 가지고 있다.

> 아버지께서 오늘도 능력으로 나를 강건케 해주실 것이다. 아버지께서 그의 영을 통해 바로 지금 내 속사람 안에서 나를 강건케 해주실 것이다.

날마다 믿음으로 그리스도께서 우리 안에 거하시며, 하나님의 모든 충만하심으로 채우시는 역사가 우리 안에서 진행되고 있다는 것을 인식하는 데서 우리는 만족을 느껴야 한다. 하나님의 능력을 믿는 믿음이 강해져서, 우리 안에 역사하시는 그 영의 능력을 힘입어 우리가 구하고 생각했던 것보다 훨씬 많은 일을 해낼 수 있으리라 기대하는 신앙이 있어야 한다.

위의 성경 말씀은 우리의 실생활과 관련된 삼위일체 하나님의 진리를 나타내고 데서 다른 많은 말씀들보다 두드러진다. 우리가 그리스도인의 생활을 추구하는 여러 경우마다, 삼위일체의 세 위격(Persons)에 대해 특별히 주의를 기울일 필요가 있다. 삼위일체의 진리는 깨닫기 어렵고, 또 어떻게 한 분으로 세 분을 섬길 수 있는가를 도무지 모르겠다고 하는 그리스도인이 더러 있다.

위의 말씀을 보면, 삼위일체가 완전히 일치한 가운데 서로 신비로운 관계와 작용을 나누고 있음을 알 수 있다. 우리 안에는 하나님의 능력인 영이 있다. 그러나 그 영은 우리의 뜻에 따르거나 제멋대로 혼자 움직이지 않는다. 그 영을 지배하시는 분은 그 영광의 부요함을 따라, 속사람 안에 있는 영을 통해 우리에게 강건함을 주시는 아버지, 바로 그분이시다.

그분은 우리 안에서 역사하는 능력을 좇아 우리가 구하거나 생각하는 것보다 훨씬 더 풍부하게 행하시는 아버지이시다. 그 영은 결코 우리를 아버지에게서 떨어져 나가게 하지 않으며, 오히려 우리로 하여금 끊임없이 아버지께 절대적으로 의지하게 해준다. 그 영은 아버지께서 영을 통해 역사하실 때에야 움직일 수 있다.

이 두 진리를 결합할 필요가 있다. 우리 안에 계신 성령을 믿는 마음으로 깊이 그리고 겸손하게 의식함과 동시에 그를 통해 역사하시는 하나님 아버지를 끊임없이 의지하며 섬기지 않으면 안 되는 것이다.

그리스도에 대해서도 똑같다. 우리는 아버지 하나님께 예배할 때, 아들의 이름으로 예배한다. 우리는 그리스도께서 우리 심령 안에 거하시도록 그 영을 통해 우리를 강건하게 해달라고 그에게 간구한다. 그렇게 하면 아들은 우리를 아버지께로 인도하시고, 아버지는 그 아들을 우리 안에서 나타내신다.

그 아들이 마음속에 거하고 또 그것이 사랑에 뿌리를 박고 있을 때에, 우리의 마음에 신령한 사랑의 땅에서 생명이 솟아나오며 사랑의 역사로 인해 많은 열매를 맺게 되는 것이다. 그러므로 우리는 하나님의 모든 충만하심으로 채워지게 되며, 안이나 밖이나 모든 생활을 지배하는 모든 마음은 삼위일체의 작용이 섞여 나타나는 축복된 교차로의 광장이 된다.

우리 마음이 이것을 믿을 때 우리는 성령을 통해 생각하는 것보다 훨씬 더 많은 역사를 이루실 수 있는 아버지께 그리스도로 말미암아 영광을 돌릴 수 있다.

이 얼마나 놀라운 구원인가!

아버지는 항상 그의 성령을 우리에게 불어넣으시고, 우리 마음이 그리스도의 거처가 되도록 그것을 날마다 새롭게 하시며, 성령은 우리 안에서 항상 그리스도를 나타내시고 그 형상을 만드심으로, 그의 본성, 성향 및 인격 그 자체가 우리의 것이 되게 하신다. 아들은 그의 사랑의 삶을 우리에게 나눠주시고 하나님의 모든 부요하심으로 가득할 때까지 우리를 계속 인도하신다.

이것이 우리의 모든 경건으로 계획된 것이다.

날마다 믿음으로 충만하여 삼위일체 되시는 하나님

께 경배하자!

우리가 하는 성경 공부와 기도의 방향이 어떤 것이든 우리는 항상 여기서 출발하여 여기로 돌아오지 않으면 안 된다.

우리는 삼위일체의 형상을 따라 지어졌다.

삼위일체 하나님을 섬기며 경배하라!

믿음으로 그에게 영광을 돌리라!

에베소서를 볼 때, 그 삼위일체의 세 위격이 항상 어떻게 묘사되어 있는지 살펴본 적이 있는가?

> 아버지, 예수 그리스도, 신령한 복, 즉 성령 엡 1:3

> 아버지, 그의 영광의 찬송이 되게, 그리스도 안에서, 약속의 성령으로 인치심을 받았으니 1:12-13

> 영광의 아버지, 우리 주 예수 그리스도, 지혜와 계시의 영 1:17

> 그리스도로 말미암아, 한 성령 안에서 아버지께 나아감을 2:18

> 예수 안에서, 하나님이 거하실 처소, 성령 안에서 2:22

> 그리스도의 비밀, 하나님 속에 감취었던, 하나님의 은혜의 선물을 따라, 성령으로 나타내신 것같이 3:4-9

성령도 한 분이시니, 주도 한 분이시오, 하나님도 한 분이시니 곧 만유의 아버지시라 4:4-6

오직 성령의 충만함을 받으라. 우리 주 예수 그리스도의 이름으로, 아버지 하나님께 감사하며 5:18-20

주 안에서…강건하여지고, 하나님의 전신갑주를 입으라. 성령의 검. 성령 안에서 기도하고 6:10-18

이 구절들을 공부하며 서로 비교해 보고, 또 하나님의 영광을 참되고 소박하게 나타내는 그 가르침을 정리할 때, 특별히 거룩하신 삼위일체에 관하여 매우 실제적인 진리를 드러내고 있는 점을 주의하라!

성경이 하나님의 속성에 관한 신비로운 비밀을 가르쳐 주는 경우는 매우 드물다. 대부분은 우리 안의 하나님의 역사하심이나 우리의 믿음과 구원의 체험 등에 관해서 기록되어 있을 뿐이다.

삼위일체에 대해 올바른 믿음을 가진다면, 그로 인해 우리가 강건해지고, 눈이 밝아지며, 하나님 안에 거하는 그리스도인이 될 수 있다.

성령은 우리의 생명과 그리고 우리의 속사람과 하나가 되고, 그 복되신 아들은 우리 안에 거하심으로 아버지 하나님과의 교제를 온전하게 하시며, 아버지께서는 그 영과 아들을 통해 날마다 당신의 목적을 우리 안에서 이루고 계시는 것이다.

하나님의 모든 충만함으로 가득 채워진다는 것은 곧 이와 같은 상태를 이르는 말이다.

아버지 앞에 무릎을 꿇자!

그러면 삼위일체의 신비가 깨달을 것이며, 그 후에 그 진리를 믿을 수 있게 될 것이다.

32. 그리스도 안에서

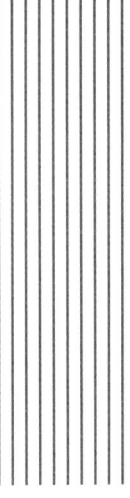

내 안에 거하라 나도 너희 안에 거하리라 요 15:4

모든 가르침은 바깥에서 안쪽으로 향한다. 말, 행위, 자연, 역사에서 지식을 습득할 때 마음은 이면에 숨겨진 교훈의 의미를 찾는다.

예수 그리스도에 관한 성경의 가르침도 다르지 않다. 그분은 우리 가운데, 우리 앞에, 우리 위에 한 인간으로 나타나셔서 이 땅에 머무시는 동안 우리를 위해 애쓰시다가 하늘에 가셔서도 우리를 위해 역사하고 계신다.

많은 그리스도인은 주님이 그들을 위해 그들 가운데 행하셨거나 지금도 행하신다는 것을 신뢰하지만, 이 귀하신 주님의 외적인 모습을 넘어서지 못하고 있다. 이 사람들은 우리 안에 있는 그리스도의 참다운 신비의 능력이나 우리 안에 거하시는 구세주로서 우리 마음속에 임재하시는 그분의 모습에 대해서 거의 알지 못하고 있다.

사복음서 중 처음 세 복음서는 전자의 보다 단순한 견해를 나타내고, 요한복음은 후자의 모습을 보여준다. 전자는 성경의 칭의 교리에서 드러난 진리의 측면이다. 반면에 후자는 우리 믿는 자가 그리스도와 연합하며 그분이 늘 우리와 함께하시는 진리이며 이는 요한복음과 에베소서와 골로새서에 잘 나타나 있다.

이 책을 보는 그리스도인들과 그리스도를 자기 친구로 맞을 준비를 하는 모든 자들에게 간곡하게 이야기하고 싶은 말이 있다. 우리가 그리스도 안에 거하며 그리스도께서 우리 안에 거하신다는 이 사실은 복음의 교리 체계에서만 진리가 아니라 생활과 경험의 문제로서 그리스도를 믿는 모든 믿음과 하나님과의 교제를 활성화시킨다는 것이다.

방 안에 있다는 것은 거기 있는 가구나 모든 안락한 도구, 그 방의 빛이나 공기, 기타 선반 등을 마음대로 이용할 수 있다는 것을 의미한다.

그렇다면 그리스도 안에 있다는 사실, 그리스도 안에 거한다는 사실이 어떤 의미를 가지는지 알겠는가?

이것은 지적인 신념이나 사상의 문제가 아니라 영적인 실체에 관한 문제이다.

그리스도가 누구며 무엇을 하는 사람인지 생각해 보라!

예수 그리스도의 속성과 사역을 나타내는 다섯 가지

양상을 생각해 보자.

첫째, 예수 그리스도는 인간의 모습을 하고 있다.

여기서 우리는 그의 신성과 인성을 완전하게 결합시키시는 하나님의 전능하심을 볼 수 있다. 그 안에서 살아가기에 우리는 신성과 영생에 참여하고 있는 것이다.

둘째, 예수 그리스도는 순종의 모범이시다.

그리하여 그는 하나님께 완전히 복종하며 온전히 그에게 의지하는 생활을 했다. 그러므로 우리가 그 안에 살아서, 우리의 생활이 전적으로 하나님의 뜻에 복종하게 되며, 그분이 인도하시는 은혜를 늘 기다리는 자세를 가지게 되는 것이다.

셋째, 예수 그리스도는 십자가에 못 박히신 분이다.

죄를 위하여 죽으셔서 그 죄를 멀리 쫓아내신 것이다. 그러므로 우리는 그분과 함께 거하여 죄의 저주와 억압에서 자유함을 얻고, 이 세대와 우리 육신의 뜻에 대하여는 죽은 자의 삶을 살게 된다.

넷째, 예수 그리스도는 다시 사신 기적을 나타내셨다.

그분의 삶은 영원히 계속된다. 그러므로 우리는 그분과 함께함으로 그분의 부활의 능력에 참여하며, 죄와 사망을 이긴 새 생명 안에서 살게 된 것이다.

다섯째, 예수 그리스도는 존귀한 분이시다.

그분은 영광의 보좌에 앉으셔서 인간을 구원하기 위

한 일을 하신다. 그러므로 우리가 그분과 함께하면, 그분의 사랑이 우리를 감싸고 우리는 세상을 하나님께 다시 돌아올 수 있도록 인도하는 일에 쓰실 수 있도록 우리 자신을 그분께 바쳐드리게 된다.

그리스도 안에서 그리스도와 함께 거한다는 것은 참으로 그 의미가 깊다. 하나님께서 우리를 신성과 인성을 동시에 가지신 그리스도의 생명의 이 놀라운 현장에 데려다 놓으시며, 여기서 우리는 부활의 생명과 영광 안에서 하나님으로 완전히 충만하게 채워지는 것이다.

우리가 살아가는 데 필요한 요소들, 곧 숨쉬는 공기, 우리의 생이 유지되며 성장하는 주위 환경 등은 그리스도의 속성이나 품성의 한 부분과 비슷하다. 다시 말하면 우리가 그리스도 안에 거함으로써 우리 생을 영위할 수 있다는 것은 우리의 육신을 유지하는 데 공기가 필수적인 것과 같은 논리라고 할 수 있다.

그리스도께서 우리 안에 거하심은 곧 이와 같은 일이 일어나는 비결이 된다. 그리스도께서는 하나님이시며 전능하셔서 능치 못할 일이 없으시므로, 우리가 그분 안에 들어가 거하기만 하면 그리스도께서도 우리 안에 거하실 수 있다.

그분이 역사하시는 것은 우리가 그분께 복종하는가, 또 적극적으로 그분의 말에 순종하는가 하는 문제에 달려 있다. 이렇게 말할 수 있는 까닭은 그리스도께서 내 안에 거하신다는 사실을 알고 있기 때문이다.

여기서 중요한 것은, 이처럼 그리스도 안에 거하는 삶이 우리의 현실에서 이루어진다면 우리는 아침마다 가지는 경건의 시간에 하나님과 개인적으로 영적인 교제를 나눔으로써 우리의 영이 틀림없이 새로워지고 강건해질 것이라는 사실이다.

하나님께 가까이 가서 그의 임재하심, 능력, 사랑, 그의 뜻을 더 많이 깨닫고 그를 위해 더 많은 일을 하고자 하는 생각이 있다면, 그리스도 안에서 하나님께 나아가도록 하라!

예수께서 땅 위에 계실 때 한 인간으로 겸손과 의지와 완전한 복종과 순종으로 아버지께 나아갔다는 사실을 잊지 말라!

예수께서 하신 태도를 본받아 그와 같은 정신으로 아버지께 나아가라!

그리스도 안에서라면, 우리는 그리스도께서 하신 것 같이 하나님께 나아살 수 있다. 우리가 아버지께 나아갈 때 아버지께 우리를 받아들이신다는 사실을 확실히 믿을 수 있는 것은 우리 자신의 노력이 아니라, 우리가 그리스도를 완전히 받아들이기에 가능한 것이다.

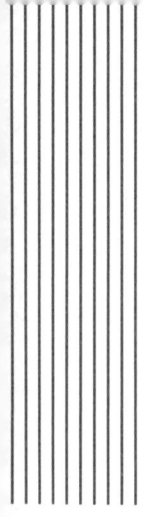

33. 오직 홀로

그러므로 예수께서 그들이 와서 자기를 억지로 붙들어 임금으로 삼으려는 줄 아시고 다시 혼자 산으로 떠나 가시니라 요 6:15

복음서에는 예수께서 홀로 기도하러 가시는 기록이 많이 나온다.

누가복음에서는 예수님의 기도하는 부분을 열한 군데에서 묘사하였고, 마가복음에서는 "새벽 아직도 밝기 전에 예수께서 일어나 나가 한적한 곳으로 가사 거기서 기도하시더니"(막 1:35)라고 하였다. 또 그분의 제자를 부르시기 전에 "예수께서 기도하시러 산으로 가사 밤이 새도록 하나님께 기도"(눅 6:12)하셨다.

이러한 행동은 제자들에게 깊은 감명을 주었다. 요한은 그 특유한 표현으로 "혼자 산으로 떠나 가시니라"(요 6:15)라고 적었고, 마태 역시 "기도하러 따로 산에 올라

가시니라 저물매 거기 혼자 계시더니"(마 14:23)라고 쓰고 있다.

예수 그리스도께서는 완전한 자로서 아무도 없는 곳에 혼자 있을 필요를 느끼셨던 것이다. 이것이 도대체 무엇을 뜻하는 말인지 다 같이 생각해 보기로 하자.

1. 혼자서

그분은 아무도 곁에 두지 않고 혼자 산에 오르셨다.

사람들과 접촉하는 일이 얼마나 힘든 것이며, 그로 인해 자신을 유지하기 어려운 때가 얼마나 많은지 누구나 아는 사실이다. 그리스도께서도 이것을 알고 계셨으며, 그래서 주위에 아무도 없는 곳에 혼자 계셔서 자신의 임무가 무엇이며 자신에게 필요한 것이 무엇인지에 대한 인식을 새롭게 하기 위해 온 힘을 집중시킬 필요를 느끼셨다고 볼 수 있다.

그분은 자신의 중요한 사명과 육신을 가진 인간의 약점 때문에 아버지께 온전히 맡기고 의지하는 일을 위하여 재차 하나님에게 새로운 마음을 힘으로 공급받을 필요가 있었던 것이다.

하나님의 자녀들이 이런 자세를 갖추어져야 한다는 것은 말할 필요조차 없다. 세상적인 욕심에 정신이 빼

앗겨 있든지, 주님을 섬기는 일에 열중하고 있든지, 또한 그리스도인의 생활을 잘 지켜야겠다는 생각이 들 때나, 하나님 나라에 사람들을 인도하기 위해 새 힘을 얻고자 할 때에는 반드시 타인이 없는 곳에 혼자 떨어져 있을 필요가 있다.

그런 경우 우리는 주님의 발자국을 따라 우리가 진정 혼자 있을 수 있는 시간과 장소를 찾아내야 한다.

2. 혼자서-영적인 실체들과 함께

보이지 않는 곳에 있는 능력과 권능에 온전히 그리고 자유롭게 복종하며, 그의 지배 아래 놓일 수 있기 위해서는 눈에 보이는 세상적인 일들에서 완전히 벗어나야 한다.

예수께서는 혼자 조용히 계셔서 싸우고 정복해야 할 암흑 왕국의 권세를 파악하기 위해 새로운 시간을 필요로 하셨다. 그분은 자기가 구속하기 위해 온 이 거대한 인류의 세계에 무엇이 결핍된 것인지 생각하며, 그 뜻을 이루고자 아버지의 임재와 권능에 접촉할 필요가 있었던 것이다.

그리스도인의 생활에서 가장 필수적인 것은, 그리스도인이 지식의 문제로 접근하고 있는 영적인 실체들에 대해서 집중적으로 생각할 시간적 여유를 마련하는 것이라고 할 수 있다. 이런 실체가 아직도 마음이나 생활에 자주 상당한 영향을 미치고 있기 때문이다.

영원한 진리가 무한한 권능을 가진 것은 사실이지만 그것이 무엇을 함축하고 있는지에 대해 생각할 시간을 갖지 않아서 이런 일에 무력해지는 경우들이 있다. 결국, 혼자 있을 시간을 가져야 이 문제를 해결할 수 있다는 말이다.

3. 혼자서 - 아버지 하나님과 함께

봉사는 예배요, 섬김은 교제라는 말이 있다. 혼자 떨어져 있거나 남과 교제하기 위해 따로 시간을 내지 않아도 되는 사람이 있다면 그분은 바로 우리 주님뿐이다. 그렇지만 그분은 조용한 시간을 가지지 않고서는 최대한도로 사역을 하거나 교제를 나눌 수 없었다.

그분은 한 인간으로서 지난 일이건 다가올 일이건 간에 자기의 모든 일을 아버지 앞에 가지고 가야겠다고 생각하셨다. 또한, 아버지와 특별히 교제하여 아버지의 능력에 절대 의지하며 아버지의 사랑을 절대 신뢰하는 자신의 마음을 새롭게 하는 것이 필요하다고 느끼셨다.

내가 스스로 아무것도 하지 아니하고 요 8:28

내가 그에게 들은 그것을 세상에 말하노라 요 8:26

예수께서는 이 말씀으로 자기와 하나님의 관계에 대한 간단한 진리를 나타내신 것이다. 홀로 떨어져 기도하는 것이 그렇게 필요하고 말할 수 없는 기쁨이 되는 것은 위와 같은 이유 때문이다.

바라기는 주님의 종이라면 이 진리를 반드시 깨달아 실천해야 한다는 점이다. 교회는 신자를 가르치되 이처럼 크고도 거룩한 특권을 느낄 수 있도록 그들을 훈련해야 한다.

믿는 자라고 하면 홀로 하나님과 지내는 시간을 가질 수 있을 뿐만 아니라 그 시간을 꼭 마련해야 한다.

내가 하나님을 혼자 독차지하고, 하나님도 나를 혼자 독차지하는 것을 안다는 것은 얼마나 근사한 일인가!

4. 혼자서 - 말씀과 함께

인간의 몸으로 나신 주님은 어렸을 때 하나님의 말씀을 배우지 않으면 안 되었다. 오랫동안 나사렛에서 생활하는 동안 그 말씀을 먹고 자라서 그 말씀을 자기 것으로 만들었다. 혼자 있을 때에는 말씀이 주님을 가르쳤고, 주님은 그 말씀으로 이루라고 하신 하나님의 뜻에 대해 아버지와 신령한 교제를 나누기도 하셨다.

그리스도인의 생활에서 배우고 넘어가야 할 깊은 교훈은 살아계신 하나님이 함께하지 않는 성경 말씀은 별로 도움이 되지 못한다는 사실이다. 말씀의 축복은 그 말씀으로 인하여 우리가 살아계신 하나님께로 바로 나아갈 때 비로소 주어진다. 하나님의 입에서 나온 말씀이라야 그것을 깨닫고 그대로 행할 능력을 가지게 한다.

하나님과 비밀스럽게 혼자서 교제를 나눔으로써 그 말씀에서 살아있는 능력과 권능이 나올 수 있다는 사실을 잘 기억하라!

5. 혼자서-기도하면서

기도는 사람이 그의 모든 삶을 하나님께 내려놓고 하나님께 가르침과 능력을 구하는 것이니 참으로 말로 표현할 수 없는 특권이 아닌가!

기도가 예수님에게는 어떤 의미였는지 잠시 생각해 보라!

예수님은 얼마나 사랑스런 경배를 올렸던가!

예수님은 얼마나 겸손한 사랑을 드렸던가!

예수님은 필요한 것을 어린아이 같은 마음으로 간청하였던가!

이 모든 것을 다 파악하지는 못한다 하더라도 그리스도의 발자국을 좇는 것이 무슨 의미이며, 어떻게 따라가야 하는 것인지 아는 사람에게 내리시는 하나님의 축복이 어떨지는 알 수 있을 것이다. 하나님께서는 이 은밀한 교제를 가장 기뻐하는 자에게 놀라운 은혜를 베풀고자 기다리는 중이시다.

'혼자서' 말이다!

이 말씀의 뜻을 잘 이해하면 땅 위에 있었던 그리스도의 삶의 비밀과 그리스도가 이제 성령을 통하여 우리 안에 거하신다는 놀라운 비밀이 우리 눈앞에 훤히 드러나게 될 것이다.

34. 사람을 얻느니라

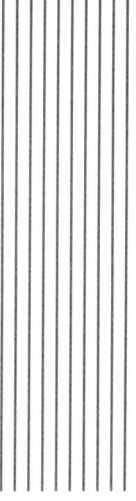

지혜로운 자는 사람을 얻느니라 잠 11:30

「학생 운동」The Student Movement 1901년 2월호에 실린 올덤 H. W. Oldham의 글 "영적 각성"에서 이런 문장을 발견했다.

> 기독학생연합Students' Christian Union의 정관을 보면 대부분 학생을 예수 그리스도의 제자가 되도록 인도하는 것이 그 '목적'이라고 규정해 놓았다. 하지만, "정말로 학생들을 예수 그리스도를 믿는 믿음에 대한 무관심과 불신에서 끌어낼 수 있는가?"라고 진지하게 묻는다면 돌아오는 대답은 그런 경우도 있지만 기독학생연합 대다수가 회의적이라고 한다.
> 일부 연합회는 과거의 실패에 낙담하여 자신들이 처한 어려운 상황에서는 그리스도에게 사람을 인도할 가능성

에 대해 회의적인 태도로 변했다. 이들은 어느 정도는 적극적으로 사역하지만 전통적인 방법을 따르는 것 같다. 하지만, 이미 가진 믿음을 더 확고하게 하는 일은 그만두었다.

대학 총괄 집행부는 "학생 영적 각성"을 분명히 정책 중심에 배치했다. 지역 연합이 이 집행부와 힘을 합친다면, 하나님이 우리 주위에 있는 사람들의 삶에서 역사하시는 것을 보게 될 수 있을 것이다. 우리를 굴복시킨 사랑이라면 다른 사람도 설득할 수 있을 것이기 때문이다. "예수 그리스도와 긴밀한 교제에 참여하여 거룩한 삶, 자기 희생, 사랑의 봉사 가운데 거하라!"

이 목표를 진지하게 받아들이는 일이 필요하다. 여기에는 하나님의 영이 우리를 다스리고 고쳐주심에 복종하는 일이 필요하다. 우리가 사역하는 환경 가운데 그리스도에게로 학생을 인도한다는 뜻을 높이 세우고 이를 최우선의 목적으로 두어야 한다.

우리 연합에 기계적인 사역자라면 넘치도록 많다. 하지만, 연합에는 명확한 목적 의식을 가진 사람이 필요하다. 생각하고 기도하며, 기도하고 일하는 사람이 연합에 들어와서, 연합이 학생들의 삶을 변화시키는 하나님의 적절한 도구가 되어야 한다.

같은 잡지의 사설에서 "기도의 날"과 관련하여 이런 글도 읽었다.

> 기도의 날에 검토할 고백문과 요청의 글이 많다. 하지만, 영적 각성을 위해 가장 긴요한 일은 기도임을 느낀다. 우리 연합의 대부분이 그리스도에게 사람들을 인도하지 못하고 있다는 사실을 점점 더 깊이 느껴왔다. 일부는 이 사실 때문에 이젠 눈물도 말라 절망감까지 갖기 시작했다.
> "학생들을 인도하지 못한 것이 불행한 일인 건 맞는데, 우리가 무얼 할 수 있죠?"
> 진정한 영적 각성이 필요하다. 그것도 우리 자신의 마음 속에서 일어나야 한다. 영적 각성이 있게 되면 무슨 일을 해야 할지 금세 알 수 있을 것이다.
> 사람을 돕고 싶은 열정은 어디 있는가?
> 버릴 수 없는 형제를 위한 간절한 기도는 어디 있는가?
> 이 모든 문제의 중심에는 우리의 관심 부족이 있다. 우리가 관심을 보여야 할 것은 오직 사람에게 영향을 미치는 일이다. 우리 영혼의 영원한 관심 가운데 사람들을 그리스도로 인도하고픈 열정이 불타오르게 되면, 우리 도움이 필요하고 우리를 반가워할 사람을 만나게 될 것이다.
> 사람들을 도우려는 열정이 불타오르면 말과 행동이 터

져 나와 사람들의 생명에 영향을 미칠 기회를 찾게 될 것이다.

열망이 있는 곳에서는 성령께서도 우리를 도우신다. 성령 없이 우리는 무력하여 궁핍한 자를 찾지도 못할 것이고, 찾았더라도 돕지 못할 것이다. 우리 다 함께 기도의 날에 각자가 '영혼들을 위한 열정'을 품도록 간구하지 않겠는가?

같은 잡지의 1월호에 실린 "인도의 궁핍"이란 글에서 발췌한 것도 게재하고 싶다. 기고자 W. E. S. 홀랜드 목사는 기독교 대학의 설립에서 중심되는 목적은 "교수가 학생을 이끌 수 있도록 개인적인 영향력"을 갖는 것이어야 한다고 말한 적이 있다.

> 내가 인도의 기독교 대학 중에 가장 큰 네 곳에서 교수들의 도움을 받아 확인할 수 있었던 것은 이분들의 강의 일정이 빽빽하게 잡혀 있어서 학생들과 개인적으로 교제할 시간도 심적 여유도 없다는 것이다.
>
> 하루 5-6시간을 강의하는데, 강의 준비에도 몇 시간이 더 걸리고 게다가 인도 날씨까지 고려하면 사람이 녹초가 되게 마련이다. 사람을 그 영혼과 관련하여 사적으로 대하는 일에 관심을 둘 시간도 정신적 에너지도 없는 게 당연하지 않겠는가.

그는 다음과 같은 말로 결론을 맺는다.

> 인도의 모든 사람에게 복음을 전하려면 최소한 4만 명이 필요하다. 하지만, 사람들에게 호소하는 일은 거의 하지 않게 된다.
> 왜 그런가?
> 왜냐하면 사람이 선교 현장의 방해꾼이 되게 하지 않기 위해서다. 선교 사역은 결국 영혼을 얻는 일이기 때문이다. 그리고 본국에서 영혼 구원을 해 본 적이 없는 사람이라면 인도에서 할 수 있는 일이 전혀 없을 것이기 때문이다.
> 사람들은 의무감이나 돕고자 하는 마음으로 인도에 왔을 것이다. 여기서는 해가 지나도 선교 생활을 해낼 수 있도록 도움이 될 만한 것은 도무지 찾을 수 없다. 그저 희생만 요구되는 그리스도를 향해 타오르는 사랑과 본국에서 영혼을 구원한 적이 있는 경험이 필요할 뿐이다.

이 글을 보고 영혼 구원 사역과 관련하여 무슨 생각이 드는가?

 이것이 바로 선교에서 첫째로 큰 필수 조건이다. 선교 현장으로 간다고 해서 반드시 영혼을 구원하는 것은 아니다. 선교지로 들어가기 전에 먼저 본국에서 자기희생의 정신과 영혼 구원을 해 봐야 한다. 영혼을 얻는 기술을 훈련하는 것이 '학생 운동'(Student Movement)의 주요한 목적 가운데 하나이다. 그 실천은 이 사역의 힘과 성공을 위한 수단이 될 것이다.

실수할 위험 때문에 전통적이고 기계적인 방법을 고집하게 마련이다. 연합으로든 개인적으로든 지속적으로 열렬히 기도해야 영혼에 대한 사랑도 더 커진다. 그러므로 연합으로든 개인적으로든 지속적으로 성실하게 모든 학생 연합이 영혼을 그리스도에게로 데려올 수 있게 해야 할 것이다.

경건한 생활의 큰 특징은 잃어버린 자를 구하고자 하는 사랑이다.

이 사랑을 그리스도인의 삶에서 개발하도록 하라!

이 사랑은 사람을 구원하는 일을 복으로 여긴다. 이런 삶은 다름 아니라 예수님께 가까이 나가 날마다 사랑하는 친구처럼 그와 교제하는 것으로 개발된다. 아버지와 아들과의 교제가 유지되는 것은 내면의 방에서 일어나는 일이다. 은밀히 우리를 보시는 아버지께서 우리에게 상급을 주실 것이다.

35. 중보기도에 대하여

"당신의 그 위대한 힘은 어디에서 나오는지요?"

우리가 놀라운 중보의 능력을 가졌던 사람에게 즐겨 물어보는 물음이다. 진실로 중보자의 사명을 감당하고자 원했던 많은 사람이 중보에서 즐거움을 찾고 인내하여 아름다운 열매를 맺기가 쉽지 않은 이유를 알고 싶어한다.

기도의 세계에서 지도자나 능력자로 알려진 사람들을 탐구해서 그들이 성공적인 삶을 살았던 주요한 요인이 어떤 것인지 생각해 보자.

참된 중보사는 하나님이 보시기에도 그 마음과 삶이 완전히 하나님의 영광을 나타내는 데 바쳐진 사람이라고 할 수 있다. 이것은 이 땅 위의 통치자가 지배하는 궁궐의 관리가 호령하며 부리기에 알맞은 유일한 조건이다. 모세, 엘리야, 다니엘, 바울 같은 사람은 영적인 세계에 있어서도 위와 같은 조건이 타당하다는 것을 증언했다.

우리 주님도 역시 이것을 증언하신 바 있다. 그분은 중보기도로 우리를 구하신 것이 아니었다. 그분은 스스로를 바쳐 희생하여 구속하신 것이다. 그분이 우리를 위해 드리는 기도의 능력은 그 희생으로 극복했던 것이 밑받침이 되고 있다. 이사야 53장에서 이것을 분명히 예언하고 있다.

> 그가 자기 영혼을 버려 사망에 이르게 하며 범죄자 중 하나로 헤아림을 받았음이라…범죄자를 위하여 기도하였느니라 사 53:12

이 구절을 53장 전체와 연결해서 보라. 주님은 우선 하나님의 뜻에 복종하기 위해 자신을 완전히 올려드렸다. 거기서 그는 그 뜻에 영향을 미치며 그 뜻을 인도할 수 있는 능력을 얻었던 것이다. 그분은 모든 것을 버리는 사랑으로 죄인을 위해 자신을 주셨으며, 이로써 죄인을 위한 중보자로 나설 수 있는 권세를 얻었다.

우리에게 다른 길은 없다. 하나님께 온 마음을 다 바친 헌신과 순종, 이것이 중보자의 첫째가는 징표다.

아마도 그렇게 열렬하게 기도할 수 있을 것 같은 생각이 들지 않는다고 투덜거릴지도 모른다. 또 어떻게 그렇게 할 수 있느냐고 물어 올지도 모른다. 아니면 하나님을 믿는 신앙이 약하다든가, 사랑이 부족하다든가,

기도해도 별로 기쁨이 오지 않는다는 등의 문제에 대해서 할 말이 많을지 모른다.

중보자가 되고자 하는 사람이라면 그런 불평은 그만두어야 한다. 분명히 깨달아야 할 것은 자기 안에 그와 같은 사업을 감당할 수 있는 성품이 존재하고 있다는 사실이다. 사과나무에는 사과가 열릴 것이다. 왜냐하면, 그 나무는 사과나무의 속성을 띠고 있기 때문이다.

> 우리는 그가 만드신 바라 그리스도 예수 안에서 선한 일을 위하여 지으심을 받은 자니 엡 2:10

눈은 보기 위해 만들어졌고, 또 그 일을 감당하기에 참으로 적당하다. 우리는 그리스도 안에서 기도할 수 있는 존재로 태어났다. 그것이 하나님의 자녀인 우리의 본질적인 성품이다.

성령이 우리 마음에 보내심을 받은 것은 무슨 일을 위해서인가?

그것은 "아바, 아버지"라고 외치며, 우리의 마음을 가다듬어 어린아이 같은 기도를 할 수 있게 하려는 것이다. 성령은 우리 마음과 우리의 생각이 미치지 못하는 신령한 하나님의 권능으로, 말할 수 없는 탄식으로 우리 안에서 친히 간구하신다.

만일 중보자가 되고자 한다면 성령을 높이 받드는 법

을 배워야 한다. 성령이 우리 안에서 기도하시는 사실을 믿고 강건해지며 선한 용기를 얻어야 한다.

기도할 때, 하나님 앞에서 잠잠하라!

그리하여 우리 안에 있는 이 놀라운 기도의 권능을 믿고 그에게 굴복해야 한다.

우리가 기도할 때 너무 많은 죄의식과 결함이 있다고 느낄지도 모른다. 맞는 말이다. 하지만, 잊어서는 안 될 것은 우리 자신의 이름이 아니라 그리스도의 이름으로 기도한다는 사실이다. 이 이름은 살아있는 권능이요 능력이다.

그리스도께서 우리 안에 계시고, 우리가 그리스도 안에 있다는 것을 잊었는가?

우리의 전 생애가 그분의 것이며 그분 안에 묶여 있고 그분의 전 생애 역시 우리 안에 감추어져 우리 안에서 역사한다는 사실을 알지 못하는가?

능력으로 중보기도를 하려고 하는 사람은 가장 현실적이고 생생하며 신령하고 실질적인 의미에 있어서 그리스도와 내가 중보자의 사업에 하나가 되었다는 사실을 분명히 깨닫지 않으면 안 된다. 그리스도의 이름, 속성, 의, 인격, 형상, 정신, 생명으로 옷입고 하나님 앞에 나오는 것이다.

기도하는 중에 하나님께 청원드리는 것을 되풀이하여 시간을 낭비하지 말고 그리스도 안에서 우리가 차지하는 위치, 그분과 완전히 일치되는 일, 그분 안에서 하나님께 다가가는 일에 대해 겸손하고 조용하며 깊은 신뢰를 가지고 부탁하라!

중보의 기도는 본래 믿음의 역사다. 단순히 기도가 상달될 것이라 믿으려는 믿음이 아니라, 하늘나라의 실체 가운데 편안히 거하는 그런 믿음이다. 이러한 믿음은 그 소망을 감정에 두는 것이 아니라 오직 삼위일체 하나님의 신실함에 둔다. 각 사람은 이런 믿음으로 기도를 한다.

이 믿음은 이 세상을 이기고 눈에 보이는 것을 희생시킨다. 그래서 온전히 자유롭게 영적인 것, 하늘나라의 것, 영원한 것을 얻는 것이다. 이 믿음을 가진 사람은 이 믿음이 요구하는 것을 듣고 그대로 받아들인다. 그래서 응답이 올 때까지 조용히 신중하게 믿음이 요구하는 것을 참고 견딘다. 진정한 중보자라면 분명히 이런 믿음을 가졌을 것이다.

중보자는 사자(messenger)가 되어야 한다. 그는 언제나 응답을 듣고서 그것을 전하는 사명을 위해 언제라도 준비되어 열심으로 이 일에 헌신하는 사람이어야 한다.

백성을 위해 하나님께 간청하며, 마찬가지로 하나님을 위하여 백성에게 간청하는 데서 보여준 모세의 담대함을 떠올려 보라. 엘리야도 마찬가지였다. 엘리야가 백성의 죄를 고할 때 하나님을 향한 그의 질투는 비밀리에 드리는 기도의 절박함과 어울린다.

중보기도는 무조건 열심히 한다고 되는 것이 아니다. 하나님을 섬기는 가운데 하나님이 우리에게 무슨 일을 시키며 어떻게 하라고 지시하시는지 더 분명하게 아는 것이 중요하다.

중보기도의 사역을 시작하는 것은 참으로 대단한 일이 아닐 수 없다. 그것은 하나님이 그 모든 필요에 따라 가지고 계신 축복을 땅으로 끌어내리는 일이다. 이런 복된 은사를 받아 사람들에게 전할 것을 짊어지고 하나님의 면전에서 밖으로 나오는 것은 중보자로서 더욱 큰 일이다.

하나님께서 모두에게 믿음이 넘치며 순전한 마음을 가진 중보자, 축복을 안고 다니는 중보자가 될 수 있는 은총을 베풀어 주시기를 간절히 기도한다.

36. 중보자

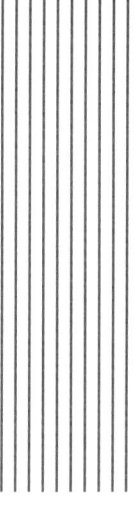

> 의인의 간구는 역사하는 힘이 큼이니라 엘리야는 우리와 성정이 같은 사람이로되 약 5:16-17

성경에 나오는 성도의 발자취를 따르고자 하는 우리의 바람을 크게 약하게 하는 것은, 그들은 예외적인 경우이며 그들에게서 보이는 것이 우리에게서는 도저히 기대할 수 없는 것으로 생각해 버리는 우리의 마음 자세라고 할 수 있다.

그러니 성경에 있는 하나님의 목적은 그 반대이다. 하나님께서는 우리에게 교훈과 용기를 주기 위해 이 사람들을 보내신 것이다. 하나님의 은혜로 일어나는 일을 본보기로 해서 하나님은 그의 뜻이 우리 인간 속성 안에서 실현될 수 있는 것을 구체적으로 나타내 보이신 것이다.

야고보는 효과적인 기도 생활을 격려하기 위해 "엘리야는 우리와 성정이 같은 사람이로되"라고 말한 이

유도 여기에 있다. 엘리야와 우리의 성정, 그의 안에서 역사했던 은사와 우리 안에서 역사하는 은사 사이에는 아무런 차이점이 없다.

그러므로 우리가 엘리야처럼 기도하지 못할 이유는 없는 것이다. 능력 있는 기도를 하고자 한다면 엘리야가 가졌던 정신 자세를 먼저 갖추지 않으면 안 된다. 즉, 엘리야처럼 기도하고자 하는 마음을 실제로 가지고 있어야 한다.

엘리야가 기도의 능력을 얻었던 비밀을 살펴보면, 그는 하나님과 함께 살았으며 하나님을 위해 일했고, 또 하나님을 온전히 신뢰한 사람이었다는 사실을 발견할 수 있다. 엘리야는 하나님과 동행했다. 그는 사람이 숨 쉬는 것처럼 하나님께 기도했다.

이것은 기도하는 데 소요된 시간을 계산해서가 아니라, 그의 태도와 행동에서 알 수 있는 마음 자세를 보고 하는 말이다. 하나님께서는 이와 같은 기도를 진실한 기도로 보신다. 입술보다 행동으로 나타내야 그 소리가 더욱 크며 더욱 진실하게 상달된다.

기도를 잘 하기 위해서는 생활 태도가 좋아야 한다. 하나님과 동행하고자 한다면 하나님의 마음을 알아야 하며, 또한 하나님의 뜻에 따라 기도할 수 있게 될 정도로까지 그를 기쁘시게 하는 일이 무엇인지 깨닫지 않으면 안 된다.

엘리야가 아합에게 첫마디를 고하면서 "내가 섬기는 이스라엘의 하나님 여호와"(왕상 17:1)에 대하여 뭐라고 말했는지 살펴보라.

엘리야가 하나님에게서 까마귀를 통해 먹을 것을 받아 연명하며 그릿 시냇가에서 숨어 지내던 일과 하나님의 명을 받은 한 가난한 과부의 공궤로 사르밧에서 지내던 일을 생각해 보라.

엘리야는 하나님과 동행하며 하나님을 잘 알고 있었다. 또 때가 닥쳤을 때에도 자기가 신봉하는 하나님께 기도할 줄 알았다.

믿음의 기도가 나올 수 있는 것은 오직 하나님과 진실한 교제를 나누는 생활에서라야 가능하다. 우리의 실제 생활과 기도가 분명하면서도 밀접한 관계에 있도록 하라. 우리가 하나님과 동행하는 길에 들어서게 될 때, 올바로 기도하는 법을 깨달을 수 있게 될 것이다.

엘리야는 하나님을 위해 일했다. 그는 하나님께서 보내시면 무조건 나아갔다. 하나님께서 명하신 대로 행하였으며 하나님과 하나님의 사업을 받들었다. 또한, 백성과 백성의 죄악을 증언했다. 그래서 그의 말을 들었던 모든 사람이 이렇게 말했던 것이다.

> 이제야 당신은 하나님의 사람이시요 당신의 입에 있는 여호와의 말씀이 진실한 줄 아노라 왕상 17:24

엘리야의 모든 기도는 하나님을 위한 사업과 관련되지 않는 것이 없었다. 그는 행동하는 사람이요, 동시에 기도하는 사람이었다.

가뭄이 오래 계속된 후에 엘리야가 비를 내려 달라고 기도한 것은 그의 예언 사역의 하나로, 심판과 자비, 이 두 가지를 통해 백성을 하나님께로 돌아오게 하려 함이었다. 엘리야가 기도하여 하늘에서 희생 제물로 불이 내려오게 한 것은 하나님이 참된 하나님이심을 알리려 함이었던 것이다. 엘리야의 유일한 목적은 오직 하나님의 영광을 위하는 것이었다.

지금은 믿는 자이면서도 자기 이익을 구할 목적으로 하나님께 기도하여 능력을 구하는 일이 비일비재한 현실이다. 몰래 자신의 욕심을 채우고자 마음먹기에 능력을 얻지 못하며 응답을 받지 못하는 것이다. 기도의 능력을 가지기 위해서는 자기 자신이 하나님의 영광을 위한 사업에 묻히며 우리 생활이 하나님을 위한 사업에 바쳐질 때라야 가능하다.

하나님이 살아계셔서 인간을 사랑하시며 죽음에서 구하시고 또 축복하신다. 하나님을 섬기는 일에 스스로를 온전히 드린 사람은 기도 안에서 새로운 삶을 발견할 수 있을 것이다. 우리가 다른 이를 위해 일할 때, 그들을 위해서 하는 우리의 기도에 솔직함을 나타낼 수 있다.

하나님을 위한 일을 할 때는 담대하게 기도할 필요와 권리가 동시에 주어진다. 우리가 하나님을 섬기는 일에 온전히 자신을 바친다는 생각을 꾸준히 가지도록 하자. 그렇게 하면 하나님이 우리 목소리를 들으신다는 확신을 더욱 확고하게 가질 수 있을 것이다.

엘리야는 하나님을 신뢰했다. 엘리야는 어려움에 처할 때 개인적인 부족함을 충족시키기 위해 하나님을 신뢰할 줄을 알았다. 그는 자기 백성들을 위한 기도에 대해 하나님께서 더욱 큰 것으로 응답해 주실 것을 담대하게 믿고 의지했던 것이다.

우리는 엘리야가 하나님께서 자기 기도를 들으시며 구하는 것을 이루어 주실 것이라는 확신이 어느 정도였던가를 알 수 있다. 엘리야는 아합에게 용감하게 이르되 "큰 비 소리가 있나이다"라고 했다. 그리고 그 얼굴을 땅에 대고 그의 사환이 "아무것도 없나이다"(왕상 18:43)라고 여섯 번 와서 보고할 때까지 다시 가서 보라고 일렀다.

하나님의 약속과 하나님의 성품에 대한 부동의 확신이 엘리야로 하여금 의인의 참된 기도로 응답을 받을 수 있는 능력을 갖게 한 것이었다. 은밀한 골방은 이와 같은 가르침을 익히는 곳이 되어야 한다.

경건의 시간을 통해 엘리야처럼 능력 있는 기도를 할 수 있는 은사를 받아 이 일을 실행하라!

이 일을 두려워하지 말라!

엘리야의 하나님은 지금도 살아계신다. 그 안에 있던 영도 아직 계셔서 우리 안에 거하신다.

이제는 자기에게 필요한 은혜만 구하는 그 좁고 이기적인 기도를 과감히 버리라!

엘리야가 지녔던 생각, 즉 우리가 온전히 하나님을 위해서만 살 수 있으며 그처럼 능력 있게 기도할 수도 있다는 생각을 개발해 나가라!

기도는 우리 모두에게 우리가 드리는 기도도 하나님께 상달될 수 있으며 큰 능력을 낼 수 있다고 하는 체험과 놀랄 만큼 새롭고 축복된 체험을 가져다줄 것이다.

용기를 내라!

그리하여 우리를 위해 기도하시는 구속의 중보자, 곧 성령의 능력 안에서 아무런 두려움도 가지지 말라!

나를 하나님께 바쳤는가?

그를 위해서 일하고 있는가?

그가 어떤 분인지 깨달으며, 그를 신뢰하는 비결을 배우고 있는가?

우리 안에 계시는 하나님의 생명과 우리 안에 거하시는 성령이 우리를 이끌어 이와 같은 은혜로 인도해 주실 것을 믿고 의지해도 좋을 것이다.

의인의 간구는 역사하는 힘이 큼이니라! 약 5:16